사례별 무혐의·불기소처분 검찰항고 실무지침서

재정신청
항고장 · 항고이유서

편저 : 대한법률편찬연구회
(콘텐츠 제공)

사례별 무혐의·불기소처분 검찰항고 실무지침서

재정신청 항고장 · 항고이유서

편저 : 대한법률편찬연구회
(콘텐츠 제공)

머 리 말

검사는 형사사건에 대하여 수사 결과 공소를 제기하는 경우 3가지로 분류할 수 있습니다.

첫째, 검사는 수사 결과 피의자를 구속하여 법원에 정식재판을 청구하는 구속 구공판을 할 수 있습니다.

둘째, 피의자를 불구속하여 법원에 정식재판을 청구하는 불구속 구공판을 할 수 있습니다.

셋째, 피의자를 불구속하여 법원에 약식재판을 청구하는 불구속 구약식을 할 수 있습니다.

검사는 형사사건에 대하여 수사 결과 소추의 요건이 흠결 등으로 인하여 소추가 불가능(공소권 없음·죄가 안 됨·혐의 없음)하거나, 소추가 가능하다 하더라도 소추의 필요성이 없어(기소유예 처분) 공소를 제기하지 아니하는 검사의 종국처분을 불기소처분이라고 합니다.

또한 고소·고발사건에 있어서 기소를 위한 수사의 필요성이 없다고 명백히 인정되는 경우에 검사가 행하는 각하처분도 불기소처분에 포함됩니다.

무혐의(혐의 없음) 처분은 피의사실이 인정되지 아니하거나 피의사실을 인정할 만한 충분한 증거가 없는 경우 또는 피의사실이 범죄를 구성하지 아니하는 경우에 검사가 행하는 불기소처분입니다.

고소사건 또는 고발사건에 대하여 검사가 한 불기소처분에 불복이 있는 경우 검사의 불기소처분통지를 받은 날부터 30일 이내에 그 검사가 속하는 지방검찰청 또는 지청을 거쳐 서면으로 관할 고등검찰청 검사장에게 항고할 수 있습니다.

항고는 검찰청법 제10조 제1항 전단 및 제4항에 각 규정되어 있습니다.

고등검찰청에서는 '직접 경정 전담 검사'를 지정하고 수사관을 증원 배치해 재수사가 필요한 항고사건에 대한 직접수사를 하겠다고 밝혔습니다.

풍부한 수사 경험을 갖춘 노련한 고등검찰청의 검사들이 항고사건을 직접 수사해 신속, 적정하게 처리하겠다는 의지를 표명한 것으로 항고인들로서는 환영할만한 일입니다.

또한 항고를 제기하였으나 항고기각 결정이 있는 경우 불기소처분에 대한 불복이 있는 고소인 또는 고발인은 검찰청이 아닌 고등법원에 공소제기를 청구하는 재정신청을 할 수 있습니다.

재정신청은 고소인 또는 고발인이 검찰청법 제10조에 따른 항고를 거쳐야 하고, 항고기각 결정을 통지받은 날로부터 10일 이내에 지방검찰청 검사장 또는 지청장에게 재정신청서를 제출하여야 합니다.

　　다만, 항고기각 결정 후 대검찰청에 재항고를 할 수 있는데 재항고기간은 항고기각 결정을 통지받은 날로부터 30일 이내에 그 검사가 속한 고등검찰청을 거쳐 서면으로 검찰총장에게 재항고 할 수 있습니다.

　　그래서 우리 대한법률편찬연구회에서는 불기소처분에 대한 불복으로 항고를 준비하고 계시는 분 그리고 항고기각 결정에 대한 불복으로재정신청을 준비하시는 형사피해자를 위하여 도움이 되고자 본서를 발간하게 되었습니다.

대한실무법률편찬연구회　19년 4월

차 례

제3장 재정신청의 의의 ······························· 129

제1장
불기소처분의 의의

제1장 /

불기소처분의 의의 -

불기소처분이라 함은 검사가 고소사건 또는 고발사건에 대하여 수사한 결과 소추요건의 흠결 등으로 인하여 소추가 불가능한 공소권 없음, 죄가 안 됨, 혐의 없음 증거불충분하거나, 소추가 가능하다 하더라도 소추의 필요성이 없어 기소유예 처분으로 공소를 제기하지 아니하는 종국처분을 '불기소처분' 이라고 합니다.

따라서 고소 또는 고발사건에 있어서 검사가 기소를 위한 수사의 필요성이 없다고 명백히 인정되는 경우에 행하는 각하처분도 불기소처분에 포함됩니다.

그리고 기소중지 · 참고인중지 및 공소보류는 중간처분으로서 성질상 협의의 불기소처분과는 다르나 공소를 제기하지 아니하는 처분으로서 법률상으로도 그와 같이 '협의의 불기소처분' 이라고 합니다.

제1절 /

죄가 안 됨 -

　　죄가 안 됨 처분은 범죄성립요건(1.구성요건해당성, 2.위법성, 3.책임) 중 구성요건해당성을 제외한 위법성 및 책임의 두 요거는 중 적어도 어느 하나가 흠결된 경우에 검사가 행하는 종국처분을 불기소처분이라고 합니다.

　　즉 위법성조각사유(형법 제310조 위법성조각 형법 제307조(명예훼손죄) 제1항의 행위가 진실한 사실로서 오로지 공공의 이익에 관한 때에는 처벌하지 아니한다)나 책임조각사유(현행 형법에서는 저항할 수 없는 폭력 등으로 인해 강요된 행위(12조), 과잉방위(21조 2~3항), 과잉피난(22조 3항), 과잉자구행위(23조), 친족 간의 증거인멸·은닉·위조 또는 변조(155조 4항) 등이 책임조각사유에 해당된다. 이 가운데 강요된 행위는 전면적 책임조각사유이고, 과잉방위, 과잉피난 및 과잉자구행위는 부분적 책임조각사유입니다)가 있을 때에 검사가 행하는 종국처분이 바로 죄가 안 됨 처분입니다.

　　책임배제사유에는 책임무능력과 금지착오가 있습니다.

　　책임무능력은 일정한 연령에 미달하거나 심신장애로 인하여 통제능력과 조종능력을 상실하여 형사책임을 질 능력이 없는 상태를 말합니다.

　　금지착오란 착오로 인하여 자신의 행동의 위법성을 인식하지 못한 경우를 말합니다.

　　죄가 안 됨 처분을 하여야 함에도 검사가 이를 간과한 채 기소한 경우에 법원은 피고사건이 범죄로 되지 아니한다는 이유로 무죄의 판결을 선고하게 됩니다.(형사소송법 제325조 참조)

제2절 /

혐의 없음 -

    혐의 없음(무혐의) 처분은 검사가 고소 또는 고발사건에 대하여 수사한 결과 행하는 종국처분으로 불기소처분입니다.

    혐의 없음 처분은 다시 「범죄인정 안 됨」과 「증거불충분」의 두 가지 처분으로 나누어집니다.

    여기서 「범죄인정 안 됨」의 처분은 구성요건해당성(위법성·책임성과 함께 범죄성립요건중의 하나로 구체적 사실이 구성요건에 해당되는 것을 말한다. 따라서 만약 어떠한 사실이 구성요건에 해당하면 위법성조각사유·책임조각사유가 없는 한 범죄는 성립한다. 범죄의 성립을 위해서는 구성요건해당성이 필요합니다)이 없거나 피의사실이 인정되지 아니하는 경우에 검사가 행하는 종국처분입니다.

    또한 「증거불충분」의 처분은 공소의 제기 및 유지에 필요한 증거가 불충분한 경우에 검사가 행하는 종국처분입니다.

    만약 혐의 없음 증거불충분 처분을 하여야 할 사건임에도 불구하고 이를 간과항려 기소하게 되면 법원은 사안에 따라 '공소장에 기재된 사실이 진실하다 하더라도 범죄가 될 만한 사실이 포함되지 아니하다는 때'에 해당한다는 이유로 공소기각의 결정을 하거나, '피고사건이 범죄로 되지 아니하거나 범죄사실의 증명이 없는 때'에 해당한다는 이유로 무죄의 판결을 하게 됩니다.

제3절 /

범죄인정 안 됨 -

가, 구성요건 해당성이 없는 경우

① 피의사실 자체가 비록 진실이라고 가정하더라도 범죄구성요건에 해당하지 아니함이 명백한 경우(예컨대 민사법정에서 당사자 본인이 허위 진술한 것을 그 피의사실로 하는 경우)

② 피의사실자체는 범죄구성요건에 해당하는 외관을 갖추고 있지만 법리상 범죄로 되지 아니하거나(예컨대 절도범이 재물을 훔친 후, 그 재물을 '사용'하거나 '버리는' 행위는 따로 처벌되지 않는다. 이를 '불가벌적 사후행위'라고 합니다)

③ 또는 수사의 결과 피의자의 행위가 아무런 범죄구성요건에도 해당하지 아니함이 명백한 경우(예를 들자면 위증죄에서 선서가 없었음이 명백한 경우) 등이 해당합니다.

나, 피의사실이 인정되지 아니하는 경우

① 피의사실이 인정되지 아니하는 경우는 진범이 따로 나타났거나 피의자의 알리바이가 성립되거나

② 피의자의 범행임을 인정할 증거가 없음이 명백한 경우 피의자가 범인이라는 유일한 물증이 허위로 판명된 경우가 이에 해당됩니다.

다, 증거불충분

　　검사가 수사한 결과 공소의 제기 및 유지에 필요한 증거가 불충분한 경우에 검사가 행하는 '증거불충분' 은 불기소처분입니다.

　　피의사실에 관하여 증거가 전혀 없는 것은 아니지만 그것만으로는 유죄의 판결을 받아내기에 충분하지 아니한 경우에 검사가 행하는 종국처분이 증거불충분입니다.

　　피의사실에 관하여 피의자의 자백은 있으나 달리 이를 보강할만한 증인이나 참고인 또는 목격자에 대한 증거가 없거나 고소인이나 고발인의 진술 및 그에 부합하는 증거만으로는 피의자의 주장을 뒤집기 어렵거나 증거가 부족한 경우 요컨대 범죄 혐의 유무에 대한 확신을 가질 정도의 증거가 수집되지 아니한 경우에 검사가 행하는 혐의 없음(증거불충분) 입니다.

제4절 /

사건의 재기 –

검사의 중국처분이라고 하더라도 불기소처분은 판결의 경우와 같이 기판력이 발생하는 것도 아니고 불기소처분을 하였다고 하여 공소권이 소멸하는 것도 아니므로 예를 들어 검사가 혐의 없음 증거불충분으로 불기소처분 후 새로운 증거를 발견한다든가 기소유예 처분 후 그에 상당하지 않은 사정이 새로이 발견되는 경우에는 공소시효가 완성된 경우가 아닌 한 언제든지 고소사건 등을 재기하여 기소할 수 있습니다.

재기수사명령 등의 사건 재기 상급청의 명령에 따라 사건을 재기하는 경우도 있습니다.

고소인 또는 고발인의 항고에 의한 고등검찰청 검사장이 하는 사건의 재기나 재항고에 의한 검찰총장의 사건 재기명령에 따라 사건을 재기하는 것 등이 사건 재기에 해당됩니다.

고소·고발사건에 대한 지방검찰청 및 산하 지청의 불기소처분에 불복하여 항고할 경우, 고등검찰청에서는 항고사건을 심사하여 항고가 이유 있는 것으로 인정되거나 재수사가 필요한 경우(법리오해, 수사미진) 재기수사명령 등의 결정을 통하여 항고인의 권리구제 및 검찰처분의 적정성을 제고하고 있습니다.

제5절 /

수사 철저 -

검사는 고소·고발사건에 대하여 수사한 결과 혐의 없음 처분을 함에 있어서는 그 처분에 앞서 수사기록을 철저히 검토하고 수사에 미진한 점이 없는지 다시 한 번 더 생각해 보아야 합니다.

검사는 고소·고발사건을 철저히 수사하였더라면 범죄혐의를 인정하여 공소제기가 가능한 사건을 수사를 태만히 함으로써 혐의 없음(무혐의) 처분을 하게 되는 경우가 있을 수 있기 때문입니다.

재기수사명령은 고등검찰청이 추가 수사의 필요성이 있다고 판단하는 경우 이뤄집니다.

죄의 유무를 법정에서 가려야 할 사안들이 검찰 손에서 무죄로 묻힐 뻔한 것입니다.

무조건 항고해 보자는 국민의 법정서도 문제지만 철저한 수사를 통해 피해자에게 불이익이 가지 않도록 하는 검찰의 의지가 더 중요합니다.

불법행위에 대해 철저한 추적조사와 처벌을 위해서는 수사기록을 다시 한 번 철저히 검토하여야 합니다.

죄명의 검토 -

    검사가 고소·고발사건에 대하여 혐의 없음 처분을 함에 있ㅇ녀서는 고소장·고발장 또는 사법경찰관리 작성한 사건송치서에 기재된 죄명에 국한하여 판단하여서는 안 됩니다.

    피의사실로써 그 죄명 이외에 또 다른 죄명의 범죄가 성립하는지 그 여부도 아울러 검토하여야 합니다.

    말하자면 사법경찰관이 상해죄로 의율하여 송치한 사건을 수사한 결과 상해죄가 인정되지 아니하는 경우에는 상해죄는 인정되지 않지만 폭행죄는 성립하는지 그 여부도 아울러 검토하여야 합니다.

제6절 /

항고 -

가, 항고제기

　　고소사건 또는 고발사건에 대하여 검사가 한 불기소처분에 불복이 있는 고소인이나 고발인은 검사의 불기소처분 통지를 받은 날부터 30일 이내에 그 검사가 속하는 지방검찰청 또는 지청을 거쳐 서면으로 관할 고등검찰청 검사장에게 항고할 수 있습니다.

　　항고는 검찰청법 제10조 제1항 전단 및 제4항에 각 규정되어 있습니다.

나, 항고기간 예외

　　불기소처분 후 고소 또는 고발사건에 대하여 새로이 중요한 증거가 발견되었다는 사유를 고소인·고발인 또는 진정인이 소명한 때에는 항고기간 30일의 제한을 받지 아니합니다.(검찰청법 제10조 제7항 단서 참조)

다, 항고권자

　　검찰항고를 할 수 있는 항고권자는 원칙적으로 고소인이나 고발인에 한정됩니다.

　　그러나 진정서에 의하여 입건한 사건에 있어서 그 진정서나 진정인의 진술조서에 피의자의 처벌을 희망하는 의사표시가 있을 때에는 그 진정인에 대하여도 항고권이 인정됩니다.(검찰사건사무규칙 제92조 제4항 참조)

라, 항고장

항고장은 고소·고발사건에 관하여 검사가 피의자에 대하여 공소를 제기하지 않는 불기소결정을 하였을 때 고소인이나 고발인이 그 결정에 대하여 불복하는 의사표시를 한 서면을 항고장이라고 합니다.

항고장은 일정한 양식이 있는 것은 아니지만 항고장이라는 표지를 먼저 만들고 그 아래로 어느 사건인지 알 수 있도록 사건번호를 기재하고 그 옆으로 사건명을 기재합니다.

그 아래로 항고인 고소인의 이름을 기재하고 아래로 피의자의 이름을 적고 하단 중앙으로 해당하는 고등검찰청 검사장 귀중이라고 기재하여 항고장의 표지를 작성합니다.

그 다음 페이지에서 상단으로 항고장이라고 큰 글자로 기재한 후 그 아래로 항고인의 인적사항과 피항고인의 인적사항을 기재하는데 고등검찰청의 검사가 항고이유와 관련하여 궁금한 사항을 전화로 문의할 수 있도록 휴대전화는 꼭 기재하는 것이 좋습니다.

그 아래 중앙으로 항고취지라고 큰 글자로 적고 아래로 불기소처분을 한 검찰청을 기재하고 그 옆으로 형제몇호를 기재하고 그 옆으로 사건명을 기재한 후 피의사건에 관하여 어느 검찰청 검사 누구는 연월일 피항고인 누구에게 혐의없음(증거불충분)의 이유로 불기소처분 결정을 하였으나 이 결정은 아래의 항고이유에 의하여 부당하므로 항고하오니 불기소처분 결정을 경정하여 주시기 바랍니다.

그 옆으로 위 불기소처분 결정은 항고인이 연월일 송달받았습니다. 라고 기재하면 됩니다. 그리고 그 아래 중앙으로 큰 글자로 항고이유라고 기재하고 그 아래에는 피의사실의 요지라고 기재하고 피의사실을 기재하여야 합니다.

불기소처분의 요지를 작성하기 어려운 분은 가까운 검찰청에 가서 공소부제기이유고지서(형사소송법 제259조 참조)를 발급받으면 여기에 검사가 작성한 피의사실의 요지를 그대로 옮겨 적는 한이 있더라도 항고이유에 피의사실의 요지는 기재하여야 합니다.

그 다음에는 불기소처분의 요지라고 기재하고 그 아래에 검사가 한 불기소처분의 요지를 기재하여야 하는데 작성하기 어려운 분은 앞에서 설명드린 바와 같이 검사가 작성한 불기소처분의 요지를 그대로 옮겨 기재하면 됩니다.

그 다음부터는 전술한 피의사실의 요지와 불기소처분의 요지에 대한 문제점이나 수사가 미진 된 부분 또는 사실에 대한 오인판단 한 부분 등에 대하여 항고이유라고 기재하고 그 아래에 빠짐없이 모두 나열하고 검사의 판단이 잘못됐다는 것을 지적해야 합니다.

마, 항고이유

항고이유에는 처음부터 항고인의 주장을 밝히지 말고 체계적으로 구체적으로 기재하여야 합니다.

항고인이 제출한 고소장에서부터 검사의 수사 결과 불기소처분에 이르기까지의 어떤 문제점은 없었는지 확인되거나 잘못됐다고 의문이 있는 부분에 대해 가지번호를 붙여 범죄 사실은 어떠한 증거에 의하여 이런 것들을 검사는 불기소처분의 요지에서 어떤 부분을 오인했다는 식으로 정리해야 합니다.

또한 고소장에서 주장한 범죄사실에 대하여 검사가 작성한 불기소처분의 요지에는 그와 같은 판단한 흔적이 없는 경우 이는 판단유탈입니다.

따라서 항고는 피의사실과 검사의 불기소처분의 요지의 다툼이고 그에 대한 오류나 수사미진을 바로 잡는 것이므로 항고인의 피해사실과 피의자의 변소나 증인 또는 참고인의 진술이 각기 다르다고 판단하였으면 반드시 대질조사를 통하여 진실이 어떤 것인지 판단하였어야 하는데 아예 대질조사를 하지도 않고 판단하였다면 판단오류입니다.

참고인이 여러 명인데 그 중 한 명만을 진술을 원용하여 판단하는 것도 수사미진입니다.

참고인의 진술이 피의사실과 부합하지 않으면 또 다른 참고인을 대상으로 추가진술을 받은 다음 누구의 진술이 피의사실과 가장 부합하는지 진술의 가치가 높은 참고인의 진술을 원용하여야 하는데 참고인의 진술이 제대로 이루어지지 않은 상태에서 판단하였다면 이를 지적하여야 합니다.

수사는 사람에 따라 다를 수 있고 검찰항고사건을 대하는 검사의 의지에 따라 다를 수 있습니다.

그러므로 항고장은 고등검찰청의 검사가 항고장만 읽고도 불기소처분이 잘못됐다는 것을 알 수 있도록 작성하여야 합니다.

논리적이고 체계적으로 작성한 항고장은 별지 서식과 같은 방식으로 작성하시면 됩니다.

제7절 /

항고장의 심사 -

항고인의 항고가 불기소처분청에 제출되면 불기소처분청에서는 불기소처분을 한 검사 이외의 다른 검사에게 항고사건을 배당하고 항고사건을 처리하게 됩니다.

항고사건을 배당받은 주임검사는 항고이유를 다시 검토하여 고소인이나 고발인의 항고가 명백히 이유 있다고 판단되어 즉시 기소가 가능한 경우, 그 항고사건을 재기하여 10일 이내에 항고사건을 처리하여야 합니다.

다만, 항고사건을 일부만 기소하고 나머지는 불기소하는 경우 그 불기소 부분에 대하여 10일 이내에 관할 고등검찰청 검사장에게 불기소 승인을 요청하여 처리해야 합니다.

나머지 항고사건의 경우에는 즉시 항고사건에 대한 의견서를 작성하여 첨부하고 사건기록을 관할 고등검찰청에 송부합니다.

다시 말해서 항고가 제기되면 불기소처분청에서 다시 한 번 더 항고이유를 면밀히 검토하여 고등검찰청으로 항고기록을 송부하기 전에 불기소처분에 대한 당부를 판단하게 됩니다.

그러므로 항고장을 제출할 때는 어떤 이유에서 불기소처분이 어떠한 수사가 어떻게 잘못됐다는 것인지 항고이유에 논리적으로 기재하여 제출하여야만 불기소처분청에서 다시 항고이유를 검토할 수 있습니다.

항고장만 먼저 제출하고 후일 항고이유를 별도로 작성해 내면 그만큼 불기소처분청에서 즉시 기소할 수 있는 기회가 없어지는 것입니다.

불기소처분청에서 항고사건을 장시간 동안 가지고 있을 수 없기 때문에 바로 고등검찰청으로 항고사건기록을 송부하여야 하기 때문입니다.

제8절 /

고등검찰청의 처분 –

불기소처분청으로부터 항고사건의 기록을 송부 받은 고등검찰청의 검사는 항고가 이유 있는 것으로 인정되면 항고이유의 사안에 따라 아래와 같은 결정을 하게 됩니다.

(1) 재기수사명령
(2) 공소제기명령
(3) 주문변경명령
(4) 직접수사경정

고등검찰청의 검사가 불기소처분청에 내리는 (1) 재기수사명령, (2) 공소제기명령, (3) 주문변경명령, (4) 직접수사경정에 대해서는 다음에서 구체적으로 설명해드리겠습니다.

고등검찰청의 검사가 검찰항고사건에 대하여 직접 재수사하여 처리하는 경우 고등검찰청 검사는 지방검찰청 또는 지청의 검사로서 직무를 수행하는 것이므로 실무에서는 그 재수사하여 처리하는데 필요한 기간 동안 불기소처분청인 지방검찰청 또는 지청의 검사 직무대리 명령을 받아 항고사건을 재수사하여 처리합니다.

고등검찰청의 검사는 고소인이나 고발인 또는 진정인의 항고가 이유 없는 것으로 인정되거나 항고기간을 도과하여 항고장이 접수된 경우에는 항고기각의 결정을 합니다.

고소인 또는 고발인의 항고가 항고권자가 아닌 자가 항고한 때, 항고를 취하한 때 등에는 항고각하의 결정을 합니다.

가, 재기수사명령

　　고등검찰청의 검사가 불기소처분청인 지방검찰청 또는 지방검찰청지청
의 검사에게 내리는 재기수사명령은 항고사건에 대한 수사가 잘못됐다며 다
시 수사하라는 명령입니다.

　　불기소처분에 대한 재기수사명령이 내려지면 불기소처분청에서는 불기
소처분을 한 검사 이외의 다른 검사가 항고사건을 재수사하게 됩니다.

　　그러므로 재기수사명령은 고등검찰청의 검사가 항고사건에 대하여 추가
수사의 필요성이 있다고 판단하는 경우에 이뤄지는 것입니다.

　　죄의 유무를 법정에서 가려야 할 사안들이 불기소처분을 함으로써 무죄
로 묻힐 뻔한 것입니다.

　　무조건 항고부터 하고 보자는 항고인의 법 정서에도 문제이지만 철저한
수사를 통해 피해자에게 불이익이 가지 않도록 하는 검찰의 의지가 더 중요
하다고 봅니다.

　　재기수사명령은 불기소처분한 사건에 수사가 미진한 부분이 있으니 다
시 재수사를 하라는 명령입니다.

나, 공소제기명령

　　고등검찰청의 검사가 불기소처분청인 지방검찰청 또는 지방검찰청지청
의 검사에게 내리는 공소제기명령은 항고사건에 대하여 더 이상 수사를 하
지 않아도 기록상 기소하는 것이 명백한 경우에 내리는 명령입니다.

　　실무에서는 공소제기명령이 내려지면 불기소처분을 한 검사 이외의 다

른 검사가 항고사건에 대하여 공소제기를 하게 됩니다.

고등검찰청의 검사가 항고사건에 대하여 직접 공소제기를 하여 처리하는 경우 고등검찰청 검사는 지방검찰청 또는 지청의 검사로서 직무를 수행하는 것이므로 실무에서는 그 공소제기에 필요한 기간 동안 불기소처분청인 지방검찰청 또는 지청의 검사 직무대리 명령을 받아 항고사건을 공소제기하여 처리합니다.

다, 주문변경명령

고등검찰청의 검사가 불기소처분청인 지방검찰청 또는 지방검찰청지청의 검사에게 내리는 주문변경명령은 불기소처분에 대한 주문이 잘못됐다며 변경하라는 명령입니다.

불기소처분의 주문에는 기소유예 처분, 공소권 없음 처분, 혐의 없음 처분, 죄가 안 됨 처분, 각하 처분 등이 있고, 중간처분으로는 기소중지 처분, 참고인중지 처분, 공소보류 처분이 있는데 이에 대한 주문을 변경하라는 명령입니다.

라, 직접수사경정

고등검찰청의 검사가 항고사건을 직접재수사하여 경정하는 것은 고소인이나 고발인 또는 진정인이 지방검찰청 또는 지청에서 불기소처분을 받고 고등검찰청으로 항고했을 때 고등검찰청의 검사가 항고사건을 직접 재수사해 불기소처분이 잘못됐다며 정정하는 것을 말합니다.

고등검찰청의 검사가 직접 재수사하여 경정하는 항고사건은 대부분 경찰조사 이후 별도의 검찰조사를 거치지 않고 올라온 항고사건이 많습니다.

고등검찰청에는 오랜 수사 노하우와 경험 등을 갖춘 검사들이 항고인들의 억울함을 직접 재수사하여 풀어줄 수 있다는 점에서 큰 도움이 되고 있습니다.

고등검찰청에서 직접 재수사하여 항고사건을 경정하는 것은 항고인에 대한 권리구제를 신속하게 할 수 있을 뿐만 아니라 일선 지방검찰청 또는 지방검찰청지청의 업무량을 줄이는 데에도 기여합니다.

고등검찰청의 검사가 항고사건에 대하여 직접 재수사하여 처리하는 경우 고등검찰청 검사는 지방검찰청 또는 지청의 검사로서 직무를 수행하는 것이므로 실무에서는 그 재수사하여 처리하는데 필요한 기간 동안 불기소처분청인 지방검찰청 또는 지방검찰청지청의 검사 직무대리 명령을 받아 항고사건을 재수사하여 처리합니다.

제2장
항고장 사례

항　　　고　　　장

사　건　번　호 : ○○○○형 제○○○○호 파견근로자보호등에관한법률위반

고 소 인 (항 고 인) : ○　　　○　　　○

피고소인(피항고인) : ○　　　○　　　○ 외1

○○○○ 년 ○○ 월 ○○ 일

위 고소인(항고인) : ○　　　○　　　○　　　(인)

부산 고등검찰청 검사장 귀중

항 고 장

1. 고 소 인 (항 고 인)

성 명	○ ○ ○	주민등록번호	생략
주 소	경상남도 진주시 ○○로 ○○길 ○○, ○○○		
직 업	회사원	사무실 주 소	생략
전 화	(휴대폰) 010 - 1234 - 0000		
사건번호	○○지방검찰청 ○○○○형 제○○○○호 파견근로자 보호등에관한법률위반 고소인		

2. 피고소인 (피항고인)

성 명	○ ○ ○	주민등록번호	생략
주 소	경상남도 진주시 ○○로 ○길 ○○○,		
직 업	대표이사	사무실 주 소	생략
전 화	(사무실) 생략		
사건번호	○○지방검찰청 ○○○○형 제○○○○호 파견근로자 보호등에관한법률위반 피고소인1		

2. 피고소인 (피항고인)

성 명	○ ○ ○	주민등록번호	생략
주 소	경상남도 진주시 ○○로 ○○, ○○○호		
직 업	대표이사	사무실 주 소	생략
전 화	(사무실) 생략		
사건번호	○○지방검찰청 ○○○○형 제○○○○호 파견근로자 보호등에관한법률위반 피고소인2		

항고취지

위 피고소인1(피항고인) ○○○, 피고소인2(피항고인) ○○○에 대한 ○○지방검찰청 ○○○○형 제○○○○호 파견근로자보호 등에 관한 법률위반 고소사건에 관하여 ○○지방검찰청 검사 ○○○은 ○○○○. ○○. ○○.피고소인1(피항고인) ○○○, 피고소인2(피항고인) ○○○에게 증거 불충분하여 혐의 없다는 이유로 불기소처분을 하였는바, 이는 항고이유와 같이 부당하므로 아래와 같이 항고합니다.

항고이유

1. 피의사실과 불기소 이유

(1) 피의자 ○○○은 주식회사 ○○○○(이하 '본 사건 회사' 라고 한다)의 대표이사로서,

○○○○. ○○. ○○.경부터 ○○○○. ○○. ○○.까지 고용노동부장관의 허가를 받지 아니하고 위 회사의 근로자인 고소인 ○○○을 주식회사 ○○○에 파견하여 파견근로자보호 등에 관한 법률위반

(2) 피의자 ○○○는 주식회사 ○○○의 대표이사로서,

위와 같이 고소인의 파견역무를 제공받아 파견근로자보호 등에 관한 법률위반

○ 고소인은 본 사건 회사의 근로자로 고용된 후 주식회사 ○○○의 사무실에서 위 회사 직원의 지시를 받으며 위 회사가 진행하는 ○○○프로젝트 관련 업무를 하였는바, 피의자들이 허가를 받지

아니하고 고소인을 파견하였다고 주장한다.

○ 이에 대하여 피의자 ○○○은 고소인과 도급계약 또는 업무위탁계약을 체결하였을 뿐 고소인을 근로자로 고용한 사실이 없으므로 근로자를 전제로 하는 무허가 파견을 한 사실도 없다고 주장한다.

○ 근로기준법상의 근로자에 해당하는지 여부는 그 실질에 있어 근로자가 사업 또는 사업장에 임금을 목적으로 종속적인 관계에서 사용자에게 근로를 제공하였는지 여부에 따라 판단하여야 하는데 ① 업무 내용을 사용자가 정하고 취업규칙 또는 복무(인사)규정 등의 적용을 받으며 업무 수행 과정에서 사용자가 상당한 지휘·감독을 하는지, ② 사용자가 근무시간과 근무 장소를 지정하고 근로자가 이에 구속을 받는지, ③ 노무제공자가 스스로 비품·원자재나 작업도구 등을 소유하거나 제3자를 고용하여 업무를 대행케 하는 등 독립하여 자신의 계산으로 사업을 영위할 수 있는지, ④ 노무 제공을 통한 이윤의 창출과 손실의 초래 등 위험을 스스로 안고 있는지, ⑤ 보수의 성격이 근로 자체의 대상적 성격인지, 기본급이나 고정급이 정하여졌는지 및 근로소득세의 원천징수 여부 등 보수에 관한 사항, ⑥ 근로 제공 관계의 계속성과 사용자에 대한 전속성의 유무와 그 정도, 사회보장제도에 관한 법령에서 근로자로서 지위를 인정받는지 등의 경제적·사회적 여러 조건을 종합하여 판단하여야 한다.

○ 아래와 같은 증거에 의하면 고소인을 근로자로 인정할 증거가 부족하므로 근로자를 전제로 하는 무허가 파견 사실도 인정할 증거가 없다.

　- 고소인과 피의자 ○○○은 본 사건 개시 무렵 '임시 계약직 계약서(○○○쪽)'를 ○○○○. ○○. ○○.작성하였는데

위 계약서 제2조부터 제5조까지를 보면 고소인은 ○○○○. ○○. ○○.부터 ○○○○. ○○. ○○.까지 본 사건 회사로부터 위탁받은 업무에 대한 산출물을 만드는 대가로 ○○○, ○○○,○○○원을 분할하여 받기로 하였는바, 위 ○○○,○○○,○○○원은 근로의 대가라기보다 일의 완성에 대한 대가로 보인다.

- 위 계약서 제9조, 제12조에 의하면 손해를 발생시킬 경우 상호 계약을 해지 하거나 손해배상을 청구할 수 있을 뿐, 회사 복무 규정에 따른 징계규정을 적용한다는 내용이 없다.

- 고소인의 진술에 의하더라도 근로소득세가 아닌 사업소득세를 납부하였고 주요 작업도구인 노트북도 고소인 소유의 것을 사용하였다.

- 고소인이 주식회가 ○○○의 업무지시라며 제출한 메신져, 문자메시지 등은 수정요청 사안을 알리거나 회의시간을 알리는 정도인바, 고용관계라 볼 수 있는 구체적이고 직접적인 지휘가 있다고 보기는 어렵다(오히려 위 계약서 제8조에 의하면 업무계획을 고소인 스스로 입안하도록 되어있다)

- 고소인은 퇴사 후 인터넷에서 본 사건 회사에 대한 글을 작성하면서 '프리를 엿 먹일라고 뒤에서 구린 것이나 하는 양아치니까 조시하길, 요즘 어떤 세상인데 프리랜서라고 그런 식으로 대우를 해 라고 기재하였는데(제○○쪽), 근로계약을 체결하지 않았다고 인지한 것으로 판단된다.

- 고소인은 피의자 ○○○이 해고예고수당을 지급하지 않았다는 등의 사유로 별건 고소하였는데 위 별건 또한 고소인이

근로자로 인정되지 않는다는 이유로 혐의 없음 처분되었고
(○○지방검찰청 ○○○○년 형제○○○○호), 이에 불복하
여 신청한 항고 및 재정신청도 기각되었다.

○ 각 증거 불충분하여 혐의 없음 처분한다는데 있습니다.

2. 범죄사실의 요지

(1) 피고소인1은 주식회사 ○○○○의 대표이사입니다.

(2) 피고소인2은 ○○○ 주식회사 대표이사입니다.

(3) 고소인은 피고소인1과 ○○○○. ○○. ○○.부터 근로계약을 하고
○○소재 ○○타워 ○○층 사무실에서 ○○프로젝트에 파견근무를
하게 되었습니다.

- 피고소인 주식회사 ○○○○ 대표이사 ○○○은 고용노동부로부터
파견허가를 받지 아니하고 근로자 파견 사업을 하여 파견법 제7조
1항을 위반하였습니다.

- 피고소인 ○○○ 주식회사 대표이사 ○○○는 불법파견사업주 주
식회사 ○○○○로부터 근로자를 파견 받아 사용하여 파견법 제7
조 3항을 위반하였습니다.

3. 고소이유의 요지

(1) 고소인은 피고소인1과 ○○개발을 위해 근로계약을 하고 피고소인2의

사무실에서 파견근로를 하게 되었습니다.(증9 임시 계약직 계약서)

(2) 피고소인1과 피고소인2는 도급으로 용역계약 한 상태로서 고소인은 피고소인1로부터 업무 지휘 및 감독을 받아야 하지만 피고소인2는 고소인에게 업무지휘 감독 등을 하였으므로 파견에 해당합니다.

(3) 고소인은 프로그램 개발을 위해 피고소인2의 ○○○내에서 PC를 제 공받았으며 ○○시스템 사용교육을 받았고 사번 및 ○○등을 발급받 아 피고소인2의 시스템에 접속할 수 있었습니다.(증7 시스템교육)

(4) 고소인이 ○○○○. ○○. ○○.일 피고소인1 소속 고소 외 ○○○ 본부장에게 채용 면접을 볼 때 피고소인2는 없었지만 피고소인1은 피고소인2로부터 승인을 받아야 하기 때문에 나중에 채용여부가 결 정되면 알려주겠다고 하였으므로 피고소인2는 고소인을 채용하는데 결정권이 있었습니다.

(5) 고소인은 20○○○. ○○. ○○.피고소인1로부터 해고통보를 받았 는데 이때에도 피고소인1은 피고소인2에게 고소인의 해고에 대해 승 인받을 것이라며 해고에 대한 결정권이 피고소인2에게 있음을 언급 하였습니다.(증6 부당해고구제신청서)

(6) 피고소인2는 매주 금요일 1시 고소인으로부터 주간보고를 하도록 지 시하여 고소인은 매주 주간보고를 작성하고 피고소인2에게 주간업무 내용을 발표하였습니다.(증10 주간보고서)

(7) 피고소인2는 ○○○○. ○○. ○○.작업한 것에 오류가 있다며 수정 할 것을 지시하였습니다.(증1. 결함리스트)

(8) 피고소인2는 ○○○○. ○○. ○○.고소인에게 문자를 보내며 다음 날 일찍 출근할 것을 지시하였습니다.(증2. 조기출근문자)

(9) 피고소인2는 ○○○○. ○○. ○○.저녁 6시경 고소인에게 4.3(일) 출근해서 작업할 것을 지시하였습니다.(증8 4.3 출근지시)

(10) 그 외 수시로 피고소인2는 고소인에게 업무지휘감독을 하였습니다.(증3 ○○○ 쪽지, 증4 ○○○ 쪽지1, 증5 ○○○ 쪽지2)

(11) 따라서 피고소인2는 고소인에 대한 채용 및 해고 결정권이 있었고 고소인에게 업무지시 및 감독을 하였으므로 근로자파견에 해당하고 피고소인1은 파견허가증이 없으므로 피고소인1과 피고소인2는 불법 파견에 해당되어 파견법을 위반하였습니다.

4. 항고하는 이유

가, 파견근로자보호 등에 관한 법률

○ 파견근로자의 고용안정과 복지증진에 이바지할 목적으로 제정되어 파견근로자의 근로조건 등에 관한 사용사업주와 파견사업주의 의무 등에 관하여 규정하고 있는 파견근로자보호 등에 관한 법률(이하 '파견근로자보호법'이라 합니다)에서 '근로자파견'은 <u>파견사업주(피의자1)가 근로자(고소인)를 고용한 후 그 고용관계를 유지하면서 근로자파견계약의 내용에 따라 사용사업주(피의자2)의 지휘·명령을 받아 사용사업주를 위한 근로에 종사하게 하는 것입니다.</u>

○ 근로자파견계약은 <u>파견사업주(피의자1)와 사용사업주(피의자2) 간</u>

에 근로자파견을 약정하는 계약입니다,.(동법 제2조 제6호 참조).

○ 근로자(고소인)가 피의자1 ○○○과 사이에 임시 계약직 계약을 체결하고 고용되어 피의자2 ○○○가 대표이사로 있는 ○○○에서 기술개발을 목적으로 설립한 ○○시 ○○로 ○○길 ○○, ○○워 ○○층으로 출근하여 근로제공을 하게 하였으므로 <u>파견사업주 피의자1 ○○○과 사용사업주 피의자2 ○○○ 사이에 파견 근로자계약이나 이에 준하는 계약은 존재합니다.</u>

나, 적용 판례

○ 위와 같은 파견근로자보호법의 목적과 내용 등에 비추어 보면, 근로자를 고용하여 타인을 위한 근로에 종사하게 하는 경우 그 법률관계가 <u>파견근로자보호법이 적용되는</u> 근로자파견에 <u>해당하는지 여부는</u> 당사자들이 <u>붙인 계약의 명칭이나 형식에 구애받을 것이 아니라,</u> 계약의 목적 또는 대상에 특정성, 전문성, 기술성이 있는지 여부, 계약당사자가 기업으로서 실체가 있는지와 사업경영상 독립성을 가지고 있는지 여부, 계약 이행에서 <u>사용사업주(피의자2)가 지휘·명령권을 보유하고 있는지 여부</u> 등 그 근로관계의 실질에 따라 판단하여야 한다고 설시하고 있습니다.(대법원 2012. 2. 23. 선고 2011두7076 판결 등 참조).

○ <u>고소인이 근로를 제공한 차세대 시스템 구축(○○프로젝트)개발사업은 사용사업주인 피의자2 ○○○의 1) 주력사업이고, 2) 근로장소 또한 ○○시 ○○로 ○○길 ○○, ○○타워 ○○층은 사용사업주인 피의자2 ○○○의 사무실이고, 3) 피의자2 ○○○의 주력 사업인 ○○프로젝트 개발 사업이므로 고소인에게 작업지휘와 명령에 의하여 근로를 제공하였으므로 이는 응당 파견근로자보호법이 정하는 근로자파견에 해당합니다.</u>

다, 검사 ○○○의 불기소 이유는 다음과 같은 문제점이 있습니다.

(1) 첫째는 자의적인 판단입니다.

○ 피의자1 ○○○은 주식회사 ○○○○(이하 앞으로는 '본 사건 회사'라고만 하겠습니다.)의 대표이사로서, 본 사건 회사는 ○○○○. ○○. ○○.부동산 임대업을 주업으로 하는 법인으로 설립되었다가 그 이후 ○○○○. ○○. ○○.온라인 정보제공 및 서비스 임대업을 영위하던 법인이었고 ○○○○. ○○. ○○.그 업종을 소프트웨어 개발 및 제조, 판매 등을 사업목적으로 ○○○○. ○○. ○○.대표이사에, 감사1인, 같은 사내이사1인에 불과한 근로자파견사업을 목적으로 설립된 법인이지만 법인등기부등본에 의하면 피의자1 ○○○이 본 사건 회사에 ○○○○. ○○. ○○.이사에 사임된 것으로 보아 아마 그 무렵 법인을 인수하였거나 법인이 매매된 것으로 밝혀지고 있습니다.

○ 고소인이 본 사건 회사에 대하여 구체적으로 부연설명을 드리는 것은 피의자1 ○○○이 대표이사로 있는 본 사건 회사는 특별한 주력 상품을 판매하거나 개발하여 제품을 생산하는 것도 없고 본 사건 회사의 설립목적만 시스템 운영 및 컨설팅업으로 되어 있을 뿐이지 지금까지 <u>법망을 벗어나 파견근로자사업을 해왔다는 것을 입증하기</u> 위해서입니다.

○ 피의자1 ○○○은 피의자2 ○○○가 대표이사로 있는 주식회사 ○○○(이하 앞으로는 '○○○'라고만 줄여 쓰겠습니다.)로부터 차세대 시스템 구축(○○프로젝트)과 관련하여 이미 피의자2 ○○○는 주식회사 ○○○○○에게 이 프르젝트를 도급하였던 것인데 피의자1 ○○○이 근로자파견사업

을 하기 위해서 이 사건 프로젝트를 주식회사 ○○○○○ 또는피의자2 ○○○사이에 1) 재 도급받은 형태를 취한다음 2) 근로자를 모집하기 위해 구인광고를 게재하였다는 점, 3) 구인광고를 보고 고소인이 이에 입사지원을 하게 된 점, 4) 그 후 고소인을 면접을 통해 채용하였다는 점, 5) 근무 시간은 오전 9시 출근 오후 6시에 퇴근하기로 정한 점, 6) 고소인의 업무는 ○○프로젝트인데 안드로이드로 개발한다 는 사실만 알렸다는 점, 7) 피의자2 ○○○의 ○○○에서 개발하는 차세대 주력개발사업인 ○○프로젝트의 개발기간 으로 맞춰 ○○○○. ○○. ○○.부터 ○○○○. ○○. ○ ○.까지로 근로기간을 정한 점, 8) 매월 ○○○만 원의 급 료를 지급하겠다는 조건으로 고용되어 고소인은 ○○○○. ○○. ○○.부터 출근하였습니다.

○ 피의자1 ○○○은 고소인과의 근로계약을 체결하지 않은 상 태에서 근무하게 한 장소가 피의자2 ○○○가 ○○프로젝트 개발 사업을 위하여 설치한 일명 개발연구소인 ○○시 ○○ 로 ○○길 ○○, ○○타워 ○○층 파티션(내) 빈자리로 고소 인의 근무 장소로 배정하였던 것입니다.

○ 피의자1 ○○○은 본 사건 회사는 ○○시 ○○동 ○○-○○ ○ ○○스포트타워2차 ○○층 ○○○호인데 피의자2 ○○○ 의 ○○○가 ○○프로젝트를 개발하는 ○○시 ○○ㄹ ○○길 ○○, ○○타워 ○○층으로 출근하라고 하여 이상하게 생각 이 들어 항의를 하지 못하던 상황에서 피의자 ○○○이 근로 계약서의 작성을 계속해서 지체하는 바람에 본 사건 회사의 면접 담당직원에게 ○○○○. ○○. ○○.문자메시지를 보내 고 왜 계약서를 안 써주시냐고 라고 하자 바로 진행하겠습니 다. 늦어서 미안합니다, 라고 답변이 있은 후 ○○○○. ○

○. ○○.경 임시 계약직 계약서를 2통 보내면서 2통에는 피의자 어세룡의 법인인감으로 보이는 도장만 찍혀 있었고 나머지 1통에 대해서는 고소인이 임시 계약직 계약서에 계약기간과 지급하기로 한 급료만 보고 대수롭지 않게 생각하고 서명날인 후 피의자1 ○○○의 직원에게 1통을 보냈습니다.

○ 이때만 해도 고소인으로서는 피의자1 ○○○이 파견근로자허가를 받았는지 전혀 알 수도 없었고 또한 일만하고 봉급만 잘 받으면 된다는 생각으로 관심을 가지고 있지 않았었는데 갑자기 피의자1 ○○○가 대표이사로 있는 ○○에서○○○○. ○○. ○○.경 ○○○(보안구역)설치를 하여 고소인은 ○○층 근무지가 없어지고 결국 구석진 회의실로 약 ○○명 정도가 작업을 하던 중 <u>부당해고를 당하게 되어</u> 여러 번 항의하여도 이에 아랑곳하지 않는 바람에 아무것도 몰랐던 고소인은 고용노동부산하 노동지청을 찾아가 부당해고에 대한 민원을 상담하기에 이르렀는데 고소인은 사정을 근로감독관에게 차조지종을 소상하게 말하였더니 그 근로감독관이 인터넷으로 피의자1 ○○○이 대표이사로 있는 본 사건 회사에 대하여 조회하는 등 확인해 본 바에 의하면 <u>본 사건 회사는 전혀 파견근로자신고 등을 득하지 않은 것으로 확인하고 피의자들을 파견근로자보호등에관한법률을 위반한 것을 알게 되고 이 사건 고소</u>에 이르렀던 것입니다.

○ 피의자1 ○○○은 고소인을 면접한 후 본 사건 회사의 계약직 근로자로 채용하고 이에 대한 근거로 임시 계약직 계약서를 체결하여 <u>자신이 도급받은 피의자2 ○○○의 ○○가 ○○ 프로젝트 개발사업장인 (1) ○○시 ○○로 ○○길 ○○, ○○타워 ○○층으로 출근하라고 하여 개발 작업장에서 근로를 제공하게 하였고</u>, (2) <u>이에 따라 고소인은 피의자2 ○○○의</u>

○○ 개발직원으로 하여금 ○○프로젝트개발과 관련하여 지휘·감독을 받으며 그가 제공하는 설비와 작업지시에 의하여 개발업무에 종사하였으며, (3) 고소인은 ○○○○. ○○. ○○.부터 ○○○○. ○○. ○○.부당해고통지를 받은 날까지 약 4개월을 근무한 상태에서 부당해고와 관련하여 고소인은 공인노무사를 선임하여 부당해고재심판정신청을 준비하고 있는 과정에서 피의자1 ○○○의 합의종용에 의하여 금 49,000,000원을 지급받고 합의한 사실이 있지만 실제 고소인이 피의자1 ○○○으로부터 는데 부당해고를 당하고 지급받아야 할 손실액은 약 ○○○,○○○,○○○원이었으며, (4) 피의자1 ○○○은 광고를 통해 개발자를 모집한다고 한 다음 광고를 보고 응시한 고소인을 고용하면서 피의자2 ○○○의 ○○에게 파견되어 ○○프로젝트를 개발한다는 사실 자체를 숨기고 사실대로 고지하지 않아 파견근로자보호법을 위반하였습니다.

○ 위와 같은 피의자1 ○○○과 피의자2 ○○○들 사이의 1) 근로자 공급 형태, 2) 고소인과 피의자2 ○○○의 본 사건 회사 사이의 근로 제공의 내용과 방식, 3) 그리고 피의자2 ○○○의 ○○가 개발하는 프로젝트라는 점, 4) ○○의 직원으로 하여금 지휘·명령 관계를 보더라도 고소인과 피의자들 사이의 근로관계는 파견근로자보호법이 적용되는 근로자파견관계에 해당한다고 할 것임에도 불구하고 검사 ○○○은 고소인과 피의자1 ○○○과의 사이에 체결한 임시 계약직 계약서 제2조 및 제5조를 들어 자의적인 판단으로 증거 불충분하다는 이유를 들어 혐의 없다는 불기소처분을 한 잘못이 있습니다.

○ 검사 ○○○은 고소인과 피의자1, 2, 사이에 위와 같은 근로관계를 도급계약이라고 지칭하며 관련 임시 계약직 계약서를

작성하였다 하더라도 이를 달리 볼 것은 아닙니다.

(2) 둘째는 수사미진입니다.

○ 검사 ○○○은 <u>최소한 수사미진에 영향을 미칠 수 있는 사항</u>
<u>에 관하여 판단을 누락하거나 자의적인 판단으로 근로자파견</u>
<u>관계 등에 관한 법리를 오해하고 논리와 경험의 법칙을 위반</u>
<u>한 한계를 벗어난 위법이 있습니다</u>.

○ 최소한 검사 ○○○은 이 사건을 대함에 있어 1) <u>고소인은</u>
<u>근로자라는 점</u>, 2) <u>고소인이 피의자1 ○○○의 본 사건 회사</u>
<u>에 고용된 점</u>, 3) <u>고소인의 근무 장소가 본 사건 회사가 아</u>
<u>닌 피의자2 ○○○의 ○○의 사무실이라는 점</u>, 4) <u>고소인의</u>
<u>근로제공이 피의자2 ○○○의 ○○의 주력사업인 ○○ 프로</u>
<u>젝트 개발 사업이라는</u> 데 중점을 두고 피의자1 본 사건 회사
와 피의자2 ○○사이에 체결한 것으로 보여 지는 <u>프로젝트</u>
<u>개발사업과 관련한 도급계약에 대하여 대대적인 보강수사를</u>
하였어야 함에도 검사 ○○○의 불기소 이유에는 이러한 보
강수사의 흔적을 찾아 볼 수 없습니다.

○ 이는 고소인의 진술이나 범죄사실 또는 고소이유에서도 밝힌
바와 같이 피의자들이 둘러대는 진술만 의존할 것이 아니라
극히 기본적인 측면에서 고소인의 입장은 전혀 고려하지 않
은 미진한 수사가 비롯된 것 같습니다.

○ 한편 근로자파견관계에서 파견사업주는 근로자를 고용한 후
그 고용관계를 유지하면서 사용사업주와 근로자파견계약을
체결하여 근로자를 파견하고, 이에 따라 파견근로자는 사용
사업주의 지휘·명령을 받아 사용사업주를 위한 근로에 종사

하게 되므로, 파견근로자가 파견근로 중에 직면하는 생명, 신체, 건강에 대한 위험은 대부분 사용사업주가 지배·관리하는 영역에서 발생합니다.

그래서 고용책임의 한계를 분명히 하기 위해서 파견근로자보호 등에 관한 법률을 제정하고 근로자를 보호하기 위해서 반드시 근로자에게 동의를 받도록 한 것이고 또 파견사업주는 행정관청으로 하여금 허가를 득하도록 규정하고 있음에도 불구하고 피의자들은 허가를 받지 않고 또 고소인의 동의를 받지 않은 것이므로 고소인과 피의자들 사이의 근로관계는 파견근로자보호법이 적용되는 근로자파견관계에 해당함에도 불구하고 검사 우재훈은 보강수사를 철저히 하지 않고 자의적인 판단으로 고소인과 피의자1, 2, 사이의 근로관계를 도급계약이라는 잣대로 그르친 판단을 한 잘못이 있습니다.

○ 또한 검사 ○○○은 고소인이 파견근로자가 아니고 대가를 지급받는 개인사업자로 추단하기 위해서는 최소한 기본적으로 1) 피의자1 ○○○이 공고하여 근로자를 모집하고 면접을 통하여 고소인을 고용하였는지의 여부, 2) 이때 피의자2 ○○○의 주력사업인 ○○ 프로젝트 개발 사업이라는 사실을 고지한 사실의 여부, 3) 근무 장소가 피의자1 본 사건 회사가 아닌 피의자2 ○○○의 ○○사무실이라는 사실을 알렸는지의 여부, 4) 근로자인 고소인의 개발업무가 누구를 위한 업무인지, 피의자1 ○○○의 업무인지, 피의자2 ○○○의 업무인지의 여부, 5) 피의자1 ○○○과 피의자2 ○○○ 사이의 ○○프로젝트 개발사업과 관련하여 어떠한 관계에서 어떤 계약이 있었는지를 철저히 조사한 연후에 결론을 내렸어야 하는데 이 부분에 대한 기초적인 수사도 전혀 이루어지지 않은 채 수사 결과로 증거 불충분하여 혐의 없다는 처분을 한 잘

못이 있습니다.

○ 수사를 다하지 않은 상태에서 검사 ○○○이 내린 수사 결과는 부당한 처분입니다.

(3) 셋째는 자의적 증거판단입니다.

○ 고소사실을 법률적으로 이유 있게 재구성할 의무는, 법률에 문외한인 고소인이 아니라, 고소인의 입장에 서서 수사하고 피의자에 대한 기소여부의 결정권을 가진 검사 ○○○에게 있습니다.

○ 한편, 피의자1 ○○○과 피의자2 ○○○ 사이의 1) 근로자 공급 형태, 2) 고소인과 피의자2 ○○○의 본 사건 회사 사이의 근로 제공의 내용과 방식, 3) 그리고 피의자2 ○○○의 ○○가 개발하는 프로젝트라는 점, 4) ○○의 직원으로 하여금 지휘·명령 관계를 보더라도 <u>고소인과 피의자들 사이의 근로관계는 파견근로자보호법이 적용되는 근로자파견관계에 해당되어 그 범의 또한 충분히 인정</u>되었습니다.

○ 피의자1, 2, 사이에 체결한 도급계약이나 혹은 파견근로자에 관한 그 어떤 계약이 존재함은 자명한 일이므로 이 부분에 대해 보강수사를 철저히 하였다면 피의자들의 고의성은 충분합니다.

○ 아마 검사 우재훈은 이 사건을 대함에 있어 고소인과 피의자1 어세통과의 사이에 체결한 임시 계약직 계약서만 보고 고소인이 산출물을 만드는 대가로 분할하여 받기로 하였다고 근로관계가 아니라는 추단으로 피의자1 어세통의 입장만 고

려하고 출발한 것으로 짐작됩니다.

○ 그러나 이는 고소인으로서는 마치 빙산의 일각만을 보고 전체를 본 것인 양 판단하는 것과 다름없습니다.

○ 피의자1 ○○○이 피의자2 ○○○와 프로젝트 개발계약에 기하여 고소인을 피의자1 ○○○이 고용하였고 고소인의 근무는 피의자2 ○○○의 ○○개발사업장으로 파견한 것이므로 파견근로자관계에 있는 고소인에게 대가를 받는 일반사업자로 몰아붙이고 섣부른 추단을 한다는 것은 지나친 힘의 작용이고 자의적인 판단일 뿐입니다.

○ 또한 검사 ○○○은 피의자1 ○○○과 피의자2 ○○○는 파견근로자보호 등에 관한 법률을 은폐하기 위해서 사전에 치밀한 계획 하에 조작되거나 이루어졌을 가능성이 있는 주장에 초점을 맞추어 수사를 하면서 고소인이 계약서에서 산출물을 만드는 대가로 ○○○,○○○,○○○원을 분할하여 지급받는 것으로 추단하고 근로자가 아닌 것으로 판단하고 말았지만 검사 ○○○은 고소인에게 지급되는 금액의 성격, 노무제공의 용도, 분할하여 지급하는 것이 급료의 성격은 아닌지 의심을 가지고 보강수사를 하였어야 하는데 고소인은 계약직으로 고용되어 매월 ○○○만 원씩 총 1년간 ○○○,○○○,○○○원에 대한 연봉을 매월급료에 비례하여 합산한 급료를 가리켜 산출물을 만드는 대가로 무려 ○○○,○○○,○○○원이나 지급받는 개인사업자로 둔갑시키고 근로자로 보지 않은 큰 잘못을 저질렀습니다.

○ 피의자들의 위와 같은 파견근로자보호 등에 관한 법률위반 행위에 대하여 고소인을 개인사업자로 추단하고 피의자들을 처

벌할 수 없다는 검사 ○○○의 <u>불기소처분의 이유는</u> 1) <u>자의</u>
<u>적인 검찰권</u> 행사로서 2) 그 <u>결정에 영향을 미친 중대한 법리</u>
<u>오해</u> 또는 3) <u>수사 미진이나</u> 4) <u>증거판단</u>의 잘못이 있습니다.

5. 결론

가, 피의자들은 이 사건 진술조서 등에서 범행에 대하여 자백을 하였습니다.

검사 ○○○이 이 사건을 불기소하면서 인용한 피의자들의 진술보다
는 양적으로 보나 질적으로 보아 고소인이 이미 제출한 증거자료들이
훨씬 증거가치가 있습니다.

나, 검사 ○○○은 고소인이 위에서 밝힌 항고이유와 같이 <u>진실을 밝히는</u>
<u>데 철저한 수사가 이루어졌다면 피의자들에 대한 혐의 인정되었을</u>
<u>것임에도 불구하고 수사가 미진하였거나 태만히 하여 제대로 진실을</u>
<u>밝히지 못한데 있습니다.</u>

하물며 검사 ○○○이 작성한 불기소 이유에는 <u>고소인의 진술에 주목</u>
<u>하고 진상규명을 위해 좀 더 철저한 수사를 보강할 필요가 있었음에도</u>
<u>불기소 처분의 이유에는 그러한 노력을 다 한 흔적이 없다는 것이 고</u>
<u>소인으로서는 끝내 아쉬울 뿐입니다.</u>

다, 검사 ○○○은 처음부터 이 사건을 대함에 있어 고소인과 피의자1 ○
○○과 체결한 임시 계약직 계약서상에 <u>용역대금이라는 문구와 대가</u>
<u>지급만 보고 또 분할 지급한다는 것만 보고 근로자가 아닌 개인사업</u>
<u>자로 추단하고 출발한 것으로 보여</u> 집니다.

라, 따라서 검사 ○○○의 이 사건 불기소 처분은 위법부당하다고 할 것
이고 피의자들에 대한 이 사건 범죄사실에 대하여는 그 범죄를 증명

할 수 있는 증거가 충분합니다.

마, 이상과 같은 이유로 항고하오니 귀 고등검찰청에서 재기수사를 명하
여 주실 것을 간곡히 부탁드립니다.

소명자료 및 첨부서류

1. 증 제1호증   불기소처분 이유서

○○○○ 년 ○○ 월 ○○ 일

위 고소인(항고인) : ○   ○   ○   (인)

부산 고등검찰청 검사장 귀중

항 고 이 유 서

사 건 번 호 : ○○○○○형 제○○○○호 명예훼손죄 등

고 소 인(항 고 인) : ○   ○   ○

피고소인(피항고인) : ○   ○   ○

○○○○ 년 ○○ 월 ○○ 일

위 고소인(항고인) : ○   ○   ○   (인)

서울 고등검찰청 검사장 귀중

항 고 이 유 서

1. 고 소 인 (항 고 인)

성 명	○ ○ ○	주민등록번호	생략
주 소	서울시 ○○구 ○○로○○길 ○○, ○○○호		
직 업	회사원	사무실 주 소	생략
전 화	(휴대폰) 010 - 1567 - ○○○○		
사건번호	서울동부지방검찰청 ○○○○형 제○○○○호 명예훼손죄 등 사건의 고소인 겸 항고인		

2. 피고소인 (피항고인)

성 명	○ ○ ○	주민등록번호	생략
주 소	생략		
직 업	학생	사무실 주 소	생략
전 화	(휴대폰) 010 - 9321 - ○○○○		
사건번호	서울동부지방검찰청 ○○○○형 제○○○○호 명예훼손죄 등 사건의 피고소인 겸 피항고인		

항고이유

항고인(이하 앞으로는 '고소인' 이라고 줄여 쓰겠습니다)이 피항고인(이하 '피의자' 라고 하겠습니다)을 서울 동부지방검찰청 ○○○○형 제○○○○호 고소하였으나 검사 ○○○은 ○○○○. ○○. ○○. 피의자 ○○○에 대하여 통신비밀보호법위반에 대해서 혐의 없음(범죄인정 안됨), 정보통신망 이용촉진 및 정보보호 등에 관한 법률위반(명예훼손) 및 모욕죄에 대하여 혐의 없음(증거불충분)의 이유로 불기소처분한데 대하여 ○○○○. ○○. ○○. 항고를 제기하여 아래와 같이 항고이유를 개진하오니 불기소처분 결정을 경정하여 주시기 바랍니다.

– 아 래 –

1. 범죄사실 및 불기소 이유

(1) 범죄사실

가, 피의자는 ○○○○. ○○. ○○. 16:00경 고소인과 고소인의 동아리 선배인 고소 외 양○○가 주고받은 카카오 톡 메시지 캡쳐본을 고소인의 허락 없이 무단으로 자신의 페이스 북 계정에 전체공개로 업로드 하였고, 이 게시물이 불특정 다수인에게 노출하였습니다.

나, 피의자가 유포한 게시물에는 고소인의 실명이 버젓이 적혀있고 얼굴이 보이는 사진이었으며, 피의자는 원본을 전부 올린 것이 아니라 일정 부분만 업로드 하는 행동을 하여 불특정 다수인에게 고소인에 대한 명예를 훼손하였습니다.

다, 이로 인하여 업로드 된 게시물 아래로 고소인을 비방하는 댓글이 달리게 되었고, 모든 사람들이 볼 수 있는 공간에서 고소인은 조롱거리가 되었습니다.

이하 게시물 댓글 내용은 아래와 같습니다.

○ ○○○○. ○○. ○○. 16:00경, 작성자 고소 외 ○○○ "오ㄴ모모ㄴ모ㅠㅠㅠ나는 아무것도 몰라요~~~나는 피해 자에요~~애들이 죽자고 나한테 달려들어요~~", "선배가 뭔데 평가하세요ㅋㅋㅋㅋㅋㅋㅋㅋㅋㅋㅋㅋ군번줄로 존나 키득대니까 애가 빡친거 아닙니까ㅋㅋㅋㅋㅋㅋㅋ존 나웃기네ㅋㅋㅋㅋㅋ너가 춤 잘추면 인정한다ㅋㅋㅋ근데 존나 되도않는게 나서서 평가질은ㅋㅋㅋㅋㅋㅋ", "되 도않는게 고치라고 하니까 얼탱이가 없죠ㅋㅋㅋㅋㅋㅋ ㅋㅋㅋ 고치라고 말하는게 선배의 권리인줄 아나본데ㅋㅋ ㅋㅋㅋㅋㅋㅋㅋㅋㅋㅋㅋㅋㅋㅋ그거 당연한거 아니에욬ㅋ ㅋㅋㅋㅋㅋㅋㅋ", "우린 니가 관심을 좋아하는 것 같으니까 무관심 줄게~~관종짓해봥~_~"

○ 같은 날 17:00경 작성자 고소 외 임지연 "아 그리고 댁들한 테만 무대 서달라한거 아니에욬ㅋㅋㅋㅋㅋㅋㅋ 누가보면 우리가 빌빌 긴줄 알겠어요!ㅋ 댁들보다 먼저 ○○기 언니 들게 부탁했답니다^____^!왜냐면 어쨌거나 "○○기 중앙 무대"인데 이상한 분이 서서 굳이 공연을 망칠 이유가 없 잖아여 ㅇㅅㅇ "

○ 같은 날 18:44경 작성자 고소 외 권민주 "근데저내용은 자 기혼자 알고 넘길수도 있는건데(=○○기 애들한테까지 욕 먹기는 싫은뎅 나는 걔네가 나를 카리스마 있는 선배로 알 기만하면 좋겠는뀅)일부러 열받으라고 ○○기한테 보여준 거같고(=23기애들한테까지 욕먹게만드네 씨바루ㅠㅠ)"

라, 뿐만 아니라 20○○○. ○○. ○○.고소인을 비하하는 동아리 후배 고소 외 ○○○의 게시물에 고소인의 실명을 언급하며 고소인을 "꼰대, 선동, 분탕질"로 표현하는 댓글을 달아 사회적 명예를 실추시켰습니다.

이하 피의자가 작성한 댓글은 아래와 같습니다.

○ ○○○○. ○○. ○○. 14:00경 "선동 분탕질 기타 꼰대짓 따위의 잡스러운 취미활동은 ○○기에서 그만하세요,,,, 22기-○○기한테까지 뭐하는 짓이야,,,,"

○ 원래 집부가 일을 다하는데 용케 단^체^탈^퇴^선동하고 집부 시작 전에는 애들 붙잡는 시도조차 안하고 나몰라라 한 덕에, 집부로 남은 애들은 손이 부족하고 놓치는 부분이 있을 수밖에 없었겠죠ㅎㅎ새내기한테 일을 왜 시킵니까 걔네 집부되면 어차피 할 일들을"

○ ○○○○. ○○. ○○. 14:00경 ".....(생략).....뒤에서만 하는 ^선동^말고, 애들한테 늘 요구하던 본인이 언제든 ^설명^가능하다던 제대로된 피드백 부탁드립니다.....(생략)..."

마, 범죄사실의 요지

1) 피의자는 ○○○○. ○○. ○○. 16:00경 장소를 알 수 없는 곳에서 고소인이 동아리 후배 ○○○을 험담하는 내용을 공개하려는 목적으로, 고소인과 본건 외 동아리 선배 양○○가 주고받은 카카오 톡 대화캡처 사진을 고소인의

동의 없이 취득한 다음, 그 대화자료를 피의자의 페이스
북 계정에 전체공개로 개시하여 누설하였습니다.

2) 피의자가 공개된 SMS 인스타그램(피의자 계정)에 본건 외
동아리 선배 양○○와 고소인이 개인적으로 나눈 대화 캡
처사진을 게시하며 비방하는 댓글을 작성하여 동아리 사람
들에게 명예를 훼손하고, 모욕하였습니다.

3) 피의자는 ○○○○. ○○. ○○. 14:00경 본건 외 동아리
후배 심○○의 페이스 북 '흔한 선배의 후배 갈굼! 제가 인
스타 안할 줄 아셨나봐요!' 라는 게시 글에 고소인을 비방
할 목적으로, ① 원래 접부가 일을 다하는데 용케 단체탈퇴
선동하고 집부 시작 전에는 얘들 붙잡는 시도조차 안하고
나몰라라 한 덕에, 집부로 남은 애들은 손이 부족하고 놓치
는 부분이 있을 수밖에 없었겠죠 ㅎㅎ 새내기한테 일을 왜
시킵니까. ② 걔네 집부되면 어차피 할 일들을...이라고 댓
글을 게시하였고, 계속하여 뒤에서만 하는 선동말고, 애들
한테 늘 요구하던 본인이 언제든 설명 가능하다던 제대로
된 피트백 부탁합니다....(생략).. 이라고 정보통신망에 게
시하여 공연히 고소인의 명예를 훼손하였습니다.

(2) 피의사실과 불기소이유의 요지

1. 통신비밀보호법위반

이 사건 피의사실의 요지 및 불기소이유는 사법경찰관이 작성한
의견서 기재와 같다.

○ 덧붙여 통신비밀보호법위반이 성립하기 위해서는 우편물의

검열 또는 전기통신의 감청을 하거나 공개되지 아니한 타인간의 대화를 녹음 또는 청취하여 알게 된 통신 또는 대화 내용을 공개하거나 누설하여야 하므로 본건과 같이 지인을 통해 그 대화 내용을 전달받은 경우 검열, 감청, 녹음, 청취하게 알게 된 대화 내용을 공개, 누설한 사안에 해당하지 않는다.

○ 범죄 인정되지 아니하여 혐의 없다.

2. 정보통신망 이용촉진 및 정보보호 등에 관한 법률위반(명예훼손), 모욕

이 사건 피의사실의 요지 및 불기소 이유는 사법경찰관이 작성한 의견서 기재와 같다.

○ 덧붙여 고소인이 먼저 녹취록을 공개하여 피의자가 이 사건 발언에 이르게 된 사건 경위 및 기재한 글의 전체 취지를 고려하면 피의자에게 고소인을 비방할 목적이나 모욕할 의도가 있다고 단정하기 어렵고, 그 표현 내용에 비추어 다소 무례한 표현에 해당할 수 있으나 고소인의 인격적 가치를 저하하는 표현에 해당한다고 볼 수 없다.

○ 달리 피의사실을 인정할 증거가 없다.

○ 증거 불충분하여 혐의 없다는데 있습니다.

피의사실

피의자와 고소인은 같은 ○○○대학교 총 동아리 동기사이로, 고소인이 동아리 후배와의 대화녹취파일을 인스타그램에 공개하여 문제가 생기자 이를 피의자가 비난하며 갈등이 생긴 사실이 있다.

가, 통신비밀보호법

　　피의자는 ○○○○. ○○. ○○.16:00경 장소를 알 수 없는 곳에서 고소인이 동아리 후배 심○○을 험담하는 내용을 공개하려는 목적으로, 고소인과 본건 외 동아리 선배 양○○가 주고받은 카카오 톡 대화캡처 사진을 고소인의 동의 없이 취득한 다음, 그 대화자료를 피의자의 페이스 북 계정에 전체공개로 개시하여 누설하였다.

　　이로써 피의자는 공개되지 아니한 타인 간의 대화를 누설하였다.

나, 정보통신망 이용촉진 및 정보보호 등에 관한 법률위반(명예훼손)

　　피의자는 ○○○○. ○○. ○○.14:00경 본건 외 동아리 후배 심○○의 페이스 북 '흔한 선배의 후배 갈굼! 제가 인스타 안 할 줄 아셨나봐요!' 라는 게시 글에 고소인을 비방할 목적으로, '원래 접부가 일을 다하는데 용케 단체탈퇴 선동하고 집부 시작 전에는 애들 붙잡는 시도조차 안하고 나몰라라 한 덕에, 집부로 남은 애들은 손이 부족하고 놓치는 부분이 있을 수밖에 없었겠죠 ㅎㅎ 새내기한테 일을 왜 시킵니까. 개네 집부되면 어차피 할 일들을...이라고 댓글을 게시하였고, 계속하여 뒤에서만 하는 선동말고, 애들한테 늘 요구하던 본인이 언제든 설명 가능하다던 제대로 된 피트백 부탁합니다....(생략).. 이라고 정보통신망에 게시하여 공연히 고소인의 명예를 훼손하였다.

다, 모욕

피의자는 ○○○○. ○○. ○○.14:00경 나,항의 본건 외 심 ○○의 페이스 북 게시물에 선동, 분탕질 기타 꼰대짓 따위의 잡스러운 취미활동은 ○○기에서는 그만하세요...○○기 ○○ 기한테까지 뭐하는 짓이야...라는 댓글을 작성하여 공연히 피해자를 모욕하였다.

수사결과 및 의견

고소인은

피의자와 같은 동아리 동기(○○기) 사이로, 피의자가 공개된 SMS 인스타그램(피의자 계정)에 본건 외 동아리 선배 양○○와 고소인이 개인적으로 나눈 대화 캡처사진을 게시하며 비방하는 댓글을 작성하여 동아리 사람들에게 명예를 훼손하고, 모욕하였다며, 피의자에 대한 처벌을 바란다고 진술한다.

피의자는

고소인과 같은 동아리 동기 사이로, 평소 후배들을 대하는 고소인의 태도에 불만을 갖고 있던 중, 고소인이 먼저 자신의 인스타그램에 본건 외 후배 심○○과의 다툼이 있던 대화녹취록을 공개하였고, 고소인의 잘못된 행동에 대해 사과와 해명을 요구하였으나 고소인의 답변이 없었다는 진술이다.
고소인의 녹취파일 공개 상황을 알고 있던 선배 양○○가 동아리 내 갈등해결을 위해 고소인과 나눈 카카오 톡 대화자료를 피의자에게 전달하였고, 대화 일방인 양○○의 동의를 받아 공개한 것이라 진술한다.

피의자는 고소인이 후배 심○○과 다툰 녹취파일을 공개했던 것과 후배들을 괴롭힌 일들에 대한 사과를 통해 동아리 선·후배 간 관계를 개선하기 위한 의도로 작성한 것으로 고소인을 비방하기 위해 작성했던 것은 아니라며 혐의 부인한다.

가, 통신비밀보호법에 대해

   ○ 고소인은

      자신의 동의 없이 제3자인 피의자가 불법으로 취득한 카카오 톡 대화내용을 페이스 북에 공개하였다고 주장한다.

   ○ 피의자는

      대화의 일방인 본건 외 양○○에게 사진파일로 대화캡처 자료를 전달받아 양○○의 동의를 받고 공개한 것이라고 진술한다.

나, 정보통신망 이용촉진 및 정보보호 등에 관한 법률위반(명예훼손)

   ○ 공연성 및 고소인 특정 여부

      피의자는 공개 된 본건 외 심○○의 페이스 북(인스타그램)에 고소인을 지칭하여 본건 게시 글을 작성한 사실을 인정한다.

○ 허위사실의 적시 여부

고소인의 주장

자신의 후배들을 질타한 것은 동아리 업무처리에 미숙한 후배에게 의견을 낸 것이며, 후배들에게 일을 시키고 탈퇴 선동한다는 것은 허위사실이라 주장하며, 이 사건의 배경이 된 후배 심○○과의 대화캡처자료 및 평소 동아리 단체 대화방의 후배들에 대한 평가가 담긴 대화 캡처자료를 제출하였다.

피의자의 주장

고소인(○○기)가 동아리 활동 중, 선배 ○○기와 다툼이 있어 22기 후배들의 탈퇴가 있었는데 그 책임을 고소인이 피의자에게 돌린 사실이 있었고, 동기인 고소인은 남은 ○○기 후배들에게 평소 꾸중을 많이 하고 '춤이 더럽다' 등 막말을 많이 하는 등 후배들의 불만이 많았다며, 특히 고소인이 먼저 후배 심○○과의 대화녹취파일을 인스타그램에 '흔한 후배와의 대화'라는 제목으로 공개하여 본건의 게시 글을 작성한 것이라며, 자신이 직접 경험하고 후배들에게 전해들은 내용을 바탕으로 작성한 것으로 사실이라고 주장한다.

피의자가 작성한 글은 다소 자극적인 표현 '탈퇴선동', '꼰대질'라는 표현이 적시되어 있으나, 피의자가 직접 경험한 것으로 고소인의 평소 후배들에 대한 행동에 대한 평가 또한 참고인의 진술과 심○○의 인스타그램 게시 글의 다른 댓글에서도 일치하는 점으로 보아 허위사실을 작성한 것으로 볼 수 없다.

○ 고의, 비방할 목적

고소인의 주장

피의자가 고소인을 비방하기 위한 의도로 자신이 후배 심○
○의 잘못된 행동을 지적하며 선배 양○○와 개인적으로 나
눈 대화를 피의자의 인스타그램에 공개하고, 심○○의 인스
타그램 게시 글에 고소인에 대한 비난성 댓글을 남겨 동아
리 사람들에게 조롱거리가 되었다고 주장한다.

피의자의 주장

평소 고생하는 후배들을 대하는 고소인의 태도가 잘못되었
다고 인식하고 있던 중, 공인으로 고생한 후배를 질타하고
그 대화자료를 인스타그램에 공개하여 후배 심○○을 공개
적으로 비난했던 고소인의 행동이 선배로서 잘못된 행동이
라는 생각으로, 고소인에게 심○○과의 대화녹취록을 전체
공개한 것에 대한 해명과 사과를 카카오 톡으로 요구하였으
나 고소인의 회답이 없었고, 심○○이 자신의 인스타그램에
고소인이 올린 녹취파일에 대한 글을 남겨 동아리 지인들이
이에 대한 댓글을 남기자, 자신도 이에 대한 의견으로 피해
자에게 사과와 해명을 요구한 것으로 고소인을 비방하기 위
한 의도로 작성한 것이 아니라고 주장한다.

또한 해당 글은 <u>고소인에게 카카오 톡으로 답변이 온 날
(글 게시 다음날)자진 삭제 했다고</u> 진술하며 해당 글 삭제
카카오 톡 대화자료를 제출한다.

고소인은 피의자가 개인적인 감정으로 비방목적으로 작성한 것이라 주장하나, 다음과 같은 사정들 ① 피의자가 후배 심○○과의 개인대화를 녹음하여 전체 공개한 것이 본건의 배경이 된 점, ② 평소 피해자가 후배들에게 권위적인 평가를 받고 있던 점, ③ 본건은 피해자가 공개했던 녹취록 당사자인 심○○의 게시 글의 비난의견 댓글이 주를 이룬 점, ④ 피의자가 작성한 글이 피의자의 진술대로 피해자의 행동에 대한 설명을 요구하고 있는 점, ⑤ 피의자가 해당 글을 피해자로부터 회답이 온 즉시 삭제한 점들로 비춰보면,

본건은 고소인의 후배 심○○과의 다툼이 있던 대화자료를 공개하는 잘못된 행동이 발단이 되었던 상황으로 피의자가 다소 과격한 단어 '꼰대', '탈퇴선동'을 사용한 것은 사실이나 고소인에 대한 해명을 받은 즉시 해당 글을 삭제한 점 등으로 보아 고소인 개인을 비방할 의도보다는 동아리 내 선·후배간의 갈등을 해결하기 위한 의견을 게시한 것이라는 피의자의 주장이 사회통념상 더 합리적으로 보여 져 비방할 목적이 있다고 보기 어렵다.

○ 모욕 혐의에 대해

고소인의 진술

고소인은 다수가 볼 수 있는 동아리 후배 심○○의 인스타그램 게시 글에 자신을 지칭해 '선동, 분탕질, 기타 꼰대짓을 그만하라'는 경멸적인 댓글을 작성하였다며 피의자에 대한 처벌을 원한다고 진술한다.

피의자의 진술

피의자는 다음과 같은 사정들로 고소인에 대해 잘못된 행동을 하지 말라는 의견을 표현한 것이며 고소인을 경멸하거나 평가를 저하하는 의미로 작성한 것이 아니라고 주장한다.

① 선동 : 고소인이 동아리 활동 중, ○○기 후배들의 탈퇴를 선동하였던 점.

② 분탕질 : 뒤에서 사람을 험담하며 동아리 내 왕따 분위기를 조성하는 등 자신이 그 피해자로 경험했던 점.

③ 꼰대 : 피의자가 평소 후배들에게 인신공격성 발언과 막말을 하며 갈구고 일명 선배의 권위적인 꼰대질을 한 점, 또한 고소인이 후배 심○○과의 대화녹취자료를 공개한 점.

○ 의견

가, 통신비밀보호법에 대해

본건의 송·수신이 완료된 카카오 톡 대화는 감청에 해당되지 않아 불기소(혐의 없음)

나, 정보통신망 이용촉진 및 정보보호 등에 관한 법률위반 (명예훼손)에 대해

이 사건의 글을 게재한 주요 동기, 목적 등 제반사정

고려하여 고소인에 대한 명예를 훼손한다는 고의가 있다고 보기 어렵고, 비방할 목적도 있다고 보기 어려워 불기소(혐의 없음)의견으로,

　다, 모욕에 대해

게시 글의 표현이 모욕적인 표현에 해당한다고 보기 어려워 불기소(혐의 없음)의견입니다.

2. 항고하는 이유

가, 검사 ○○○의 불기소 이유는 다음과 같은 문제점이 있습니다.

(1) 첫째는 죄명의 검토입니다.

○ 검사 ○○○은 피의자는 ○○○○. ○○. ○○.16:00경 장소를 알 수 없는 곳에서 고소인이 동아리 후배 심○○을 험담하는 내용을 공개하려는 목적으로, 고소인과 본건 외 동아리 선배 양○○가 주고받은 카카오 톡 대화캡처 사진을 고소인의 동의 없이 취득한 다음, 그 대화자료를 피의자의 페이스 북 계정에 전체공개로 개시하여 누설하였다는 통신비밀보호법위반 피의사실에 대하여 피의자는 대화의 일방인 본건 외 양○○에게 사진파일로 대화캡처 자료를 전달받아 양○○의 동의만 받고 공개한 것이라고 진술하고 있습니다.

○ 이에 대하여 검사 ○○○은 통신비밀보호법위반이 성립하기 위해서는 우편물의 검열 또는 전기통신의 감청을 하거나 공개되지 아니한 타인간의 대화를 녹음 또는 청취하여 알게 된 통신 또는 대화 내용을 공개하거나 누설하여야 하므로 본건과

같이 지인을 통해 그 대화 내용을 전달받은 경우 검열, 감청, 녹음, 청취하게 알게 된 대화 내용을 공개, 누설한 사안에 해당하지 않는다는 이유로 혐의 없음(범죄인정 안됨)처분을 하였습니다.

○ <u>고소사실을 법률적으로 이유 있게 재구성할 의무는, 법률에 문외한인 고소인이 아니라, 고소인의 입장에 서서 수사하고 피의자에 대한 기소여부의 결정권을 가진 검사가 지는 것입니다.</u>

○ 검사 ○○○은 통신비밀보호법위반과 관련하여 혐의 없음(범죄인정 안됨) 처분을 함에 있어서는 고소인의 고소장이나 사법경찰관이 작성한 사건송치의견서에 기재된 죄명에 국한하여 판단하여서는 아니 됩니다.

<u>피의사실로써 통신비밀보호법위반 이외에 다른 초상권침해, 명예훼손죄 등의 죄가 성립하는지 여부도 아울러 검토하여야 합니다.</u>

○ 검사 ○○○은 피의자가 진술에서 고소인과 본건 외 동아리 선배 양○○가 주고받은 카카오 톡 대화캡처 사진을 고소인 몰래 그 <u>대화자료를 피의자의 페이스 북 계정에 전체공개로 개시하여 누설하였다고</u> 진술하고 있으므로 통신비밀보호법위반죄에 국한하여 혐의 없음(범죄인정 안됨)처분을 할 것이 아니라 <u>다른 죄명의 범죄가 성립하는지 여부도 검토하지 않은 잘못이 있습니다.</u>

○ 검사 ○○○은 최소한 피의자가 고소인과 본건 외 동아리 선배 양○○가 주고받은 카카오 톡 대화캡처 사진을 고소인 몰래 그 대화자료를 피의자의 페이스 북 계정에 전체공개로 개

시하여 누설하였다면 고소인과의 대화상대방인 동아리 선배 양○○을 상대로 카카오 톡 대화내용의 사진을 피의자에게 교부한 경위를 조사(넘겨준 사람도 문제가 있고, 넘겨받아 페이스 북에 전체공개로 개시하는 사람도 문제가 있습니다) 하고 카카오 톡 대화내용을 제3자인 피의자에게 넘겨준다는 것이 과연 있을 법한 일인지 여부 등을 파헤쳐 어느 쪽의 진술이 참이고, 어느 쪽의 진술이 허위인지의 여부에 관하여 좀 더 심도 있는 수사를 했을 것이고, 그렇게 했다면 위와 같이 피의자의 진술이 핵심적인 사항에서 객관적 사실과 전혀 부합하지 아니하는 사실을 중시하여 사안의 진상을 어렵지 않게 파헤칠 수 있었을 것입니다.

○ 검사 ○○○의 위와 같이 피의자에 대한 통신비밀보호법위반에 대하여 혐의 없음(범죄인정 안됨)처분을 한 것은 그 결정에 영향을 미친 자의적인 판단 내지 중대한 수사미진의 잘못이 있으므로 재기수사의 명을 내려주시기 바랍니다.

(2) 둘째는 수사 미진입니다.

○ 피의자가 고소인을 비방하기 위한 의도로 자신이 후배 심○○의 잘못된 행동을 지적하며 선배 양○○와 개인적으로 나눈 대화내용를 피의자의 인스타그램에 공개하고, 심○○의 인스타그램 게시 글에 고소인에 대한 비난성 댓글을 남겨 동아리 사람들에게 공공연하게 퍼뜨리는 바람에 고소인은 치명적인 명예훼손을 당했습니다.

○ 검사 ○○○은 이에 대하여 피의자가 다소 과격한 단어 '꼰대', '탈퇴선동' 을 사용한 것은 사실이나 고소인에 대한 해명을 받은 즉시 해당 글을 삭제한 점 등으로 보아 고소인 개

인을 비방할 의도보다는 동아리 내 선·후배간의 갈등을 해결하기 위한 의견을 게시한 것이라는 피의자의 주장이 사회통념상 더 합리적으로 보여 져 비방할 목적이 있다고 보기 어렵다는 이유로 혐의 없음(증거불충분) 처분을 하였습니다.

○ 고소인 개인을 비방할 의도보다는 동아리 내 선·후배간의 갈등을 해결하기 위한 의견을 목적으로 한 것이었다고는 보여지지는 않습니다.

1) 피의자의 주장과 같이 동아리 내 선·후배간의 갈등을 해결하기 위한 것이었다면 동아리 내 연결통로를 통하여 충분한 의견을 개진할 수 있었음에도 불구하고 동아리 내부 연결통로를 이용하지 않고 구태여 급속도로 전파가능성이 높은 인스타그램을 통하여 의견을 개진하여야 할 이유가 있었는지 또 <u>인스타그램을 선택한 이유가 무엇인지 조사했어야 하는데</u> 검사 ○○○은 이 부분에 대한 조사가 전혀 이루어지지 않았습니다.

○ <u>인스타그램은 비방에 자유롭습니다.</u>

그래서 피의자는 의도적으로 고소인을 비방할 목적으로 인스타그램을 통하여 허위사실을 유포하였습니다.

인스타그램은 해외에 위치해있기도 하고, 개인정보가 없는 일회용 이메일을 통해 PC방 등에서 특정 연예인이나 유명인에게 비하 내용, 사진 등을 게시해서 유포하면 "잡히지 않고 안전하겠지" 라고 믿는 사람이 은근히 많지만 즉, 인스타그램을 타인을 비난하거나 루머를 퍼뜨리는 용도로 쓰이고 있으므로 피의자는 의도

- 59 -

적으로 고소인을 비방할 목적으로 자신의 이름으로 인스타그램의 운영 회사이자 모회사인 페이스 북을 통하여 허위사실 및 명예훼손 글들을 올린 것입니다.

피의자는 평소에도 고소인과의 좋지 않은 감정을 가지고 있었기 때문에 위와 같은 동아리 선배 양○○과 고소인이 나눈 <u>대화내용을 불법으로 넘겨받아 자신의 페이스 북을 통하여 허위사실을 유포하려는 의도가 있었</u>으면서도 마치 동아리 선·후배간의 갈등을 해소하기 위한 것이라며 그러한 의도를 숨겼던 것이 아니었는지 의심할 여지는 다분히 있음에도 불구하고 검사 ○○○은 이 부분에 대한 조사자체가 이루어지지 않았습니다.

2) 피의자와 고소인은 같은 동아리(○○기) 동기라면 동기끼리 뭉쳐 후배들을 리드하고 동아리를 잘 이끌어가야 하는 것이 맞는데 피의자는 고소인과의 감정을 품고 같은 동아리의 선·후배들에게 허위사실을 유포하여 고소인의 명예를 훼손하는 자체가 동아리 동기를 떠나 앞뒤 주장의 모순이 있음에도 확인 없이 혐의 없음(증거불충분) 처분을 하였습니다.

결국 검사 ○○○은 <u>근거 없이 추측성 사실인정을 하고,</u> 그에 기해서 나머지 고소인의 주장을 모두 증거불충분으로 본 것입니다.

검사 ○○○이 만약 그가 한 사실인정, 즉 고소인과 피의자가 같은 동아리(○○기) 동기라면 서로 보호하고 협심해서 동아리를 이끌어가야 하는 동기가 헐뜯고 허위사실을 유포하는 것에 의심을 갖고 있었다면 <u>동아리 선배 양</u>

- 60 -

○○가 고소인과의 대화내용을 선 듯 넘겨준다는 것이 과연 있을 법한 일인지 여부 등을 파헤쳐 어느 쪽의 진술이 참이고, 어느 쪽의 진술이 허위인지의 여부에 관하여 좀 더 심도 있는 수사를 했을 것이고, 그렇게 했다면 위와 같이 피의자의 진술이 핵심적인 사항에서 객관적 사실과 전혀 부합하지 아니하는 사실을 중시하여 사안의 진상을 어렵지 않게 파헤칠 수 있었을 것입니다.

전파가능성을 판단하는 데 있어서 검사 ○○○은 피의자와 고소인이 사소한 다툼이 있었고, 같은 동아리 동기생이라는 친분을 내세워 전파가능성이 부정되는 것으로 판단하고 있으나 이는 고소인과 피의자가 동기생이라는 친분이 있어 고소인의 명예를 훼손할 만한 이야기를 불특정 또는 다수인에게 전파하지 않을 것이라는 것이므로 피의자에 대한 전파가능성은 어떠한 경우에도 부정될 수 없습니다.

따라서 고소인과 동아리 선배 양○○과의 대화내용을 피의자가 고소인 몰래 양○○으로부터 어떤 경위로 넘겨받아 허위사실을 유포한 것은 동아리 선·후배간의 갈등을 해소하기 위해 고소인의 명예를 훼손할 만한 방식과 정도 및 맥락, 피의자의 의사를 전달하기 위하여 반드시 위와 같은 방법을 선택할 필요성이 없는 점 등을 고려해 볼 때 이는 정당한 비판의 범위를 벗어나 고소인의 부도덕함을 암시함으로써 고소인의 사회적 가치 내지 평가를 저하시키는 허위사실의 적시임에도 불구하고 검사 ○○○은 이러한 조사를 다하지 않고 명예훼손죄 부분을 혐의 없음(증거불충분)처분을 한 잘못을 범하고 말았습니다.

○ 불특정 다수인이 볼 수 있는 동아리 후배 심○○의 인스타그램

게시 글에 <u>자신을 지칭해 '선동, 분탕질, 기타 꼰대짓을 그만하라'</u>는 경멸적인 댓글을 작성한데 대하여 검사 ○○○은 게시 글의 표현이 모욕적인 표현에 해당한다고 보기 어려워 혐의 없음(증거불충분) 처분을 하였습니다.

1) 사회통념상 욕설은 대체로 모욕으로 인정됩니다. 모욕으로 인정된 표현들(선동, 분탕질, 기타 꼰대짓을 그만하라)에서도 알 수 있듯이 모욕은 구체적인 시간과 공간을 배경으로 벌어진 사건에 대한 보고가 아니고 증거에 의한 증명도 불가능하기에 사실적시와는 구별됩니다.

위에서 알 수 있듯이 <u>선동, 분탕질, 기타 꼰대짓을 그만하라는 것은 신체적 특징을 묘사하는 것도 경멸적인 언행의 일부를 이루기 때문에 모욕으로 인정됩니다.</u>

그러므로 <u>고소인의 인격적 가치에 대한 사회적 평가를 저하시키는 표현임에도</u> 불구하고 검사 ○○○은 피의자의 '선동, 분탕질, 기타 꼰대짓을 그만하라'는 게시 글의 표현이 모욕적인 표현에 해당한다고 보기 어렵다고 판단한 것은 자의적인 판단입니다.

2) 피의자의 고소인에 대한 <u>'선동, 분탕질, 기타 꼰대짓을 그만하라'</u>는 표현은 고소인이 <u>동아리활동을 나아가 선배의 자격이나 그 역량이 없다는 피의자의 주관적 평가를 뒷받침하고 있으므로 고소인에 대한 사회적 평가를 저하시키기에 충분한</u> 것임에도 불구하고 검사 ○○○은 법리오해로 인한 자의적인 판단으로 혐의 없음(증거불충분)처분을 한 것이므로 부당합니다.

3. 결론

가, 피의자는 고소인에게 한 범행에 대하여 대체적으로 자백하였습니다.

검사가 불기소하면서 인용한 피의자의 진술보다는 양적으로 보나 질적으로 보아 고소인이 이미 제출한 증거자료가 훨씬 그 증거가치가 있습니다.

나, 검사는 피의자가 고소인에 대한 감정을 품고 의도적으로 고소인과 동아리 선배 양○○과 나눈 대화내용을 넘겨받은 경위와 인스타그램을 통하여 허위사실을 유포한 동기에 대하여 보강수사를 하였다면 피의자의 고의성이 있었음을 충분히 알았을 터인데 수사를 태만히 하고 사법경찰관이 작성한 의견에 따라 자의적인 판단을 한 잘못이 있습니다.

다, 검사 ○○○은 처음부터 이 사건을 대함에 있어 고소인과 피의자는 같은 동아리의 동기생이라는 이유만으로 고의성이 없다는 생각에서 출발한 것으로 보여 집니다. 그러나 이는 전술한 바와 같이 대단한 착각이나 다름없습니다.

라, 따라서 검사 ○○○의 이 사건 불기소처분은 위법부당하다고 할 것이고 피의자에 대한 이 사건 범죄사실에 대하여는 그 범죄를 증명할 수 있는 증거가 충분합니다.

마, 이상의 이유로 재기수사를 명하여 주실 것을 간곡히 부탁드립니다.

소명자료 및 첨부서류

1. 증 제1호증   불기소처분 이유서

○○○○ 년 ○○ 월 ○○ 일

위 고소인(항고인) : ○　○　○　　(인)

서울 고등검찰청 검사장 귀중

항   고   장

사 건 번 호 : ○○○○형 제○○○○호 사문서위조 행사 등

고 소 인(항 고 인) : ○   ○   ○

피고소인(피항고인) : ○   ○   ○

○○○○ 년 ○○ 월 ○○ 일

위 고소인(항고인) : ○   ○   ○   (인)

광주 고등검찰청 검사장 귀중

항 고 장

1. 고 소 인 (항 고 인)

성 명	○ ○ ○	주민등록번호	생략
주 소	전주시 ○○구 ○○로○○길 ○○, ○○○호		
직 업	회사원	사무실 주 소	생략
전 화	(휴대폰) 010 - 2345 - 0000		
사건번호	전주지방검찰청 ○○○○형 제○○○○호 사문서위조 등 사건의 고소인 겸 항고인		

2. 피고소인 (피항고인)

성 명	○ ○ ○	주민등록번호	생략
주 소	생략		
직 업	무지	사무실 주 소	생략
전 화	(휴대폰) 010 - 2987 - 0000		
사건번호	전주지방검찰청 ○○○○형 제○○○○호 사문서위조 등 사건의 피고소인 겸 피항고인		

항고취지

위 피고소인(피항고인) ○○○에 대한 전주지방검찰청 ○○○○년 형제○○○○호 사기 등 고소사건에 관하여 전주지방검찰청 검사 ○○○은 ○○○○. ○○. ○○.피고소인(피항고인) ○○○에게 증거 불충분하여 혐의 없다는 이유로 불기소처분을 하였는바, 이는 항고이유와 같이 부당하므로 아래와 같이 항고합니다.

항고이유

1. 범죄사실 및 불기소 이유

(1) 범죄사실

○ ○○○○. ○○. ○○.경 전라북도 전주시 ○○면 ○○로 ○○, 소재 ○○○법무사사무실에서 사실은 고소인이 문중 소유의 전라북도 전주시 ○○면 ○○로 산 ○○, 임야 ○○,○○○,○○○㎡ (이하 "이 사건 임야" 라고 줄여 쓰겠습니다)를 피고소인 ○○○ (이하 앞으로는 "피의자" 라고만 하겠습니다)에게 고소인이 위 임야를 매도한 것처럼 부동산매매계약서를 작성한 후, 그 무렵 고소인의 보증용 인감증명서를 발급받기 위해 고소인과 함께 전라북도 전주시 ○○면 ○○로 주민센터에 간 기회를 이용하여 그 정을 모르는 고소인으로부터 그의 인감도장을 넘겨받아 미리 가지고 있던 위 매매계약서의 매도인 란에 위 도장을 임의로 찍어 고소인 명의의 부동산매매계약서 1장을 위조하고,

○ 같은 달 ○○. 전라북도 전주시 ○○면 ○○로 ○○, 소재 ○○○법무사사무실에서 이 사건 임야의 소유권을 피의자 앞으로 이

전해 줄 것을 의뢰하고, 같은 달 ○○. 그 정을 모르는 위 ○○
○으로 하여금 위의 위조한 부동산매매계약서를 전주지방법원 등
기소에 진정한 것인 양 제출하게 하여 이를 행사하고,

○ 같은 달 ○○. 위 전주지방법원등기소에서 그 정을 모르는 등기담
당 직원 ○○○으로 하여금 토지등기부원본에 이 사건 임야의 소
유권을 피의자에게 이전하는 소유권이전등기를 경료 하도록 함으
로써 공정증서원본에 불실의 사실을 기재하게 하고, 그 즉시 위
등기부원본을 등기소에 비치하게 하여 이를 행사한 것입니다.

(2) 불기소 이유

○ 피의자 ○○○은 고소인으로부터 이 사건 임야의 실제 소유자는
피고소인인데 등기가 잘못되어 있으니 소유권을 이전해 가라는
말을 듣고 피의자의 명의로 소유권을 이전하기로 마음먹고 매매
계약서를 작성하여 고소인에게 그 취지를 설명하자, 고소인이 이
를 승낙하고 직접 주민센터에 가서 인감증명서를 발급받아 주고
매매계약서에 인감도장을 날인하였으며,

○ 그 직후 ○○○법무사사무실까지 동행하여 등기의무자 확인란에
무인까지 찍은 다음 소유권이전등기를 하게 된 것이지, 고소인이
주장하는 것처럼 용도를 속이고 인감도장을 날인 받아 이전등기
를 한 것이 아니라고 변명하고,

○ 피의자는 고소인이 시키는 대로 따라하였을 뿐 자세한 내용은 잘
모른다고 변명하고 있다.

○ 위 피의자의 처 ○○○의 진술과 고소인이 인감증명서를 발급받
아 피의자에게 넘겨주고 ○○○법무사사무실까지 동행하여 등기

의무자 확인서면에 무인까지 찍어준 정황 등이 피의자의 변명에 부합하고, 고소인과 참고인 이○○, ○○○의 각 진술은 피의자의 변명을 뒤집는 자료로 삼기에 부족하고, 달리 피의사실을 인정할만한 증거가 없으므로 범죄혐의 없다는데 있습니다.

2. 불기소처분 이유의 오류

(1) 검사 ○○○는 불기소처분의 이유에서 피의자가 인감증명을 발급받은 직후 ○○○법무사사무실까지 고소인과 동행하여 등기의무자 확인란에 고소인의 무인까지 받았다고 인정하고 있습니다.

(2) 만약 이 사실이 인정된다면 여러 가지 의문점에도 불구하고 이 사건 이전등기에는 아무런 하자가 없게 되며 고소인의 이 사건에 관한 모든 주장이 결국 이유 없음으로 귀착한다 할 것입니다.

(3) 그러나 불기소이유에 의하면 위와 같은 사실인정을 할 아무런 자료나 판단이 없다는데 있습니다.

다시 말해 고소인이 피의자와 함께 이전등기신청을 위임하고자 ○○○법무사사무실까지 함께 가거나, 나아가 ○○○법무사사무실에서 확인서면에 무인한 사실을 인정할 근거가 전혀 없습니다.

(4) 단지 이 사건 담당 ○○○법무사의 진술에, 오래전 일이고 많은 사건을 처리했기 때문에 정확히는 기억할 수 없으나 등기필증이 없는 경우 등기의무자가 직접 와서 확인서면을 작성하므로 이 사건의 경우도 아마도 고소인이 직접 와서 작성하지 않았겠냐는 식의 일반론적인 진술만이 있을 뿐입니다.

(5) 그런데 ○○○법무사사무실 사무장 ○○○의 진술에 의하면, 이 사

건 이전등기 신청을 할 때 사무실에 온 사람은 피의자 뿐이고, 동인이 이미 우무인 란에 무인이 되고 특기사항 란에 고소인의 인상착의 등이 기재된 확인서면을 가져 왔다는 것입니다.

그것도 위 ○○○법무사사무실에서 쓰는 것이 아닌 다른 서식용지의 서면을 그래도 ○○○법무사사무실에서는 피의자를 믿고 더 이상 등기의무자의 확인 없이 사건을 맡아 처리했다는 진술입니다.

(6) 결국 검사 ○○○은 근거 없이 추측성 사실인정을 하고, 그에 기해서 나머지 고소인의 주장을 모두 허위로 본 것입니다.

(7) 검사 ○○○이 만약 그가 한 사실인정, 즉 고소인이 피의자와 함께 ○○○법무사사무실에 가서 그 곳에서 등기필증대용의 확인서면에 무인까지 하였다고 잘못 파악하지만 아니했더라도 인감증명발급과 관련한 위 모순점이나 이 사건 임야와 문중과의 관계, ○○년이 넘도록 그의 명의로 지녀온 ○○세의 문중 종손이 그럴만한 사유도 없이 자진해서 등기명의를 넘겨준다는 것이 과연 있을 법한 일인지 여부 등을 파헤쳐 어느 쪽의 진술이 참이고, 어느 쪽의 진술이 허위인지의 여부에 관하여 좀 더 심도 있는 수사를 했을 것이고, 그렇게 했다면 위와 같이 피의자의 진술이 핵심적인 사항에서 객관적 사실과 전혀 부합하지 아니하는 사실을 중시하여 사안의 진상을 어렵지 않게 파헤칠 수 있었을 것입니다.

(8) 그러므로 검사 ○○○이 피의자에 대하여 한 불기소처분은 그 결정에 영향을 미친 자의적인 판단 내지 중대한 수사미진의 잘못이 있습니다.

3. 결론

검사 ○○○의 위와 같이 피의자에 대하여 무혐의 처분을 한 것은 그 결정에 영향을 미친 자의적인 판단 내지 중대한 수사미진의 잘못이 있으므로 고소인은 부득이 이 사건 항고에 이르게 되었으니 재기수사의 명을 내려주시기 바랍니다. 이상의 이유로 재기수사를 명하여 주실 것을 간곡히 부탁드립니다.

소명자료 및 첨부서류

1. 증 제1호증   불기소처분 이유서

○○○○ 년 ○○ 월 ○○ 일

위 고소인(항고인) : ○   ○   ○   (인)

광주 고등검찰청 검사장 귀중

항   고   장

사 건 번 호 : ○○○○형 제○○○○호   무고

고 소 인(항 고 인) :   ○   ○   ○

피고소인(피항고인) :   ○   ○   ○

○○○○ 년 ○○ 월 ○○ 일

위 고소인(항고인) :   ○   ○   ○   (인)

대전 고등검찰청 검사장 귀중

항 고 장

1. 고 소 인 (항 고 인)

성 명	○ ○ ○	주민등록번호	생략
주 소	청주시 ○○구 ○○로○○길 ○○, ○○○호		
직 업	회사원	사무실 주 소	생략
전 화	(휴대폰) 010 - 2345 - 0000		
사건번호	청주지방검찰청 ○○○○형 제○○○○호 무고 사건의 고소인 겸 항고인		

2. 피고소인 (피항고인)

성 명	○ ○ ○	주민등록번호	생략
주 소	생략		
직 업	무지	사무실 주 소	생략
전 화	(휴대폰) 010 - 1299 - 0000		
사건번호	청주지방검찰청 ○○○○형 제○○○○호 무고 사건의 피고소인 겸 피항고인		

항고취지

위 피고소인(피항고인) ○○○에 대한 청주지방검찰청 ○○○○년 형제○○○○호 무고 등 고소사건에 관하여 청주지방검찰청 검사 ○○○은 ○○○○. ○○. ○○.피고소인(피항고인) ○○○에게 증거 불충분하여 혐의 없다는 이유로 불기소처분을 하였는바, 이는 항고이유와 같이 부당하므로 아래와 같이 항고합니다.

항고이유

1. 범죄사실 및 불기소 이유

(1) 범죄사실

○ 피고소인 ○○○(이하 앞으로 '피의자' 라고 하겠습니다)는, 사실은 고소인이 피의자로부터 약속어음을 할인받거나 그와 관련된 금원을 편취한 사실이 없음에도 불구하고, 고소인으로 하여금 형사처분을 받게 할 목적으로, ○○○○. ○○. ○○.경 고소인이 ○○회에 걸쳐 어음할인을 빙자하여 합계 ○○억 ○,○○○만원을 편취하였으니 처벌해달라는 허위 내용의 고소장을 작성한 다음 충청북도 청원경찰서 민원실에 제출하고 고소인을 무고하여 무고죄로 고소하였습니다.

(2) 불기소 이유

○ 위 고소사건을 담당한 청주지방검찰청 검사 ○○○은 ○○○○. ○○. ○○. 피의자에 대하여 동일한 사건에 관하여 이미 혐의 없음의 불기소처분이 있다는 이유로 각하의 불기소처분을 하였습니다.

○ 검사 ○○○의 각하 불기소처분의 이유에 의하면 위 피의자는 당시 자기 명의의 약속어음을 자유로이 발행·유통하여 할인받는 등 ○○○재정관리를 담당하던 고소인이 그 업무처리 과정에서 상당한 금액을 횡령하였으므로 사실대로 고소한 것일 뿐, 고소인이 금원을 횡령한 사실이 없음에도 고소인을 형사처벌 받게 할 목적으로 허위의 사실을 고소한 것이 아니라고 변명하는데다, 피의자 ○○○, 고소 외 ○○○, ○○○, 각 진술 및 그 제출자료 내용도 이에 부합한다.

○ 고소인은 위 형사사건 판결문 이유 중에 설시된 내용을 내세워 피의자가 허위의 고소를 하였다고 주장하나, 이는 공소사실에 부합하는 증거의 신빙성 유무에 관하여 법원과 검찰이 서로 견해를 달리한 결과에 불과할 뿐이며, 달리 피의사실을 인정할 증거가 없으므로 각하 불기소처분을 한다는데 있습니다.

2. 수사상의 문제점

그런데 확정된 위 형사사건의 항소심판결, ○○○, ○○○에 대한 각 증인신문조서 등 이 사건 기록에 나타난 자료들을 살펴보면 검사 ○○○의 위와 같은 주장은 선뜻 수긍하기 어렵습니다.

○ 피의자 진술의 신빙성

가, 피의자는 경찰에서 고소인을 사기죄로 고소한 사건의 참고인으로 출석하여 약 ○○년 전에 고소인을 괴산소재 목재벌채 현장에서 작업인부 감독, 목재 입찰 등의 업무담당직원으로 채용하였는데, ○○○○년경부터는 자신이 운영하는 ○○산업의 운영자금 차용, 채무변제 등 재산관리업무를 도맡아 해왔으며, 그 과정에서 ○○○로부터 합계 ○○억 ○,○○○만원 상당을 차용한 것은 사실이나, 이는 모두 피의자 자신의 채무를 해결하기 위한 것이지 고소인이 임의로 사용한 것은 아니라는 취지로 진술하더니 ○○○○. ○○. ○○. 고소인과의 대질신문과정에서는 고소인이 ○○○○ 채무를 충당하기 위하여 차용한 금원의 일부를 자신이 모르는 사이에 축적해 둔 것 같다는 취지로 진술을 하였습니다.

나, 그런데 검사 ○○○은 무슨 일인지 그 점에 관하여는 별다른 진술을 하지 않더니 뒤늦게 ○○○○. ○○. ○○. 고소인을 횡령혐의로 고소하고 같은 달 ○○. 검찰에서 고소인 보충진술을 하면서, 이 사건 각 약속어음을 고소인에게 발행, 교부한 사실이 없는데 ○○○가 그 각 어음을 소지하고 있는 것을 보니 고소인이 자신도 모르는 사이에 약속어음 용지를 빼돌려 어음을 발행, 그 할인금을 임의로 사용한 것이 틀림없다는 취지로 주장하였습니다.

다, 그런데 피의자는 자신이 부도난 ○○○○. ○○. ○○.이후 이 사건 각 어음금액을 포함하여 그 당시 ○○○가 소지하고 있던 ○○○, ○○○, 발행의 어음금액, 합계 ○억 원에 대하여 ○○○○. ○○. ○○.까지 이를 지급하겠다는 내용의 차용금증서를 남동생인 ○○○, 아들인 ○○○ 등 ○인 연명으로 작성하여 ○○○에게 교부하고, 그 지급을 담보하기 위하여 자신 소유의 부동산에 채권최고액 ○억 원으로 된 근저당권까지 설정해 주었습니다.

라, 피의자의 남동생과 아들 연명으로 ○억 원의 차용금증서를 작성, 교부하였다면 남동생이나 아들도 ○억 원 전액에 대한 공동채무자가 됩니다.

마, 기록에 의하면 남동생이나 아들이 당시 ○○세가 넘은 피의자의 사업경영에 일정역할을 한 것으로 보이는바, 이들이 ○○○과 더불어 ○○○에 대해 그 소지의 약속어음 전액인 ○억 원의 공동

채무자가 되었다면 다음에서 보는 바와 같이 그들이 실제 고소인과 함께 ○○○에게서 할인받거나 적어도 사전에 관련 장부를 통해 그러한 사실이 틀림없음을 확인하였다고 봄이 경험칙에 부합합니다.

바, 그렇지 않고서 단지 ○○○의 말만 듣고 ○억 원의 거금에 대해 공동채무자가 될 리는 없기 때문입니다.

사, 피의자는 약속어음 책자, 고무인, 인감도장 등의 관리를 고소인에게 맡기는 등 어음 할인에 관한 업무 일체를 고소인에게 전담시켰다고 진술하나, 어음책자 등은 피의자가 혼자 사용하는 내실의 서랍 속에 보관하고 있었고, 고소인이 어음할인금을 받으러 갈 때에는 대부분 피의자와 ○○○, ○○○이 동행한 사실이 엿보이므로 피의자가 어음의 관리, 발행, 할인에 관하여 고소인을 철저히 감독, 통제하고 있었음을 충분히 알 수 있습니다.

아, 피의자는 고소인의 횡령사실을 한동안 몰랐던 이유로 그동안 약속어음 발행 및 금전거래 현황 등을 기재해 두었던 장부를 부도직후 없애 버렸기 때문이라고 진술하고 있으나, ○○○○ 등 여러 사업체를 운영하면서 그에 필요한 자금을 대부분 어음할인으로 조달해 온 피의자로서는 부도가 났다면 이와 관련된 장부는 만일의 경우에 대비해 더 주의 있게 보존하는 것이 사리에도 맞습니다.

그런데도 피의자 측에서 특별한 사유 없이 단지 부도가 났다 해서 그 이유만으로 할인내역 등이 기재된 장부를 폐기했다고 주장한다면 이는 오히려 그 의도가 사뭇 의심스럽다 아니할 수 없는 대목입니다.

자, 그러므로 피의자의 진술은 여러모로 그 신빙성에 의심이 갑니다.

차, 그런 과정에서 피의자로서는 ○○○의 의도대로 어음할인금에 대한 일부 책임을 고소인에게 전가하면 그만큼 ○○○에 대한 어음금채무를 면할 수 있는 잇 점이 엿보이자 이해관계가 일치한 위 두 사람이 결국 사실과 달리 고소인에게 불리한 진술을 하고, 나아가 피의자는 고소인을 업무상 횡령혐의로 고소까지 한 것으로 의구심을 충분히 가져볼 만하다 할 것입니다.

3. 수사미진의 자의적 판단

(1) 사정이 위와 같다면, 검사 ○○○으로서는 이 사건에 있어서 가장 중요한 증거라 할 수 있는 피의자와 ○○○의 진술에 신빙성을 의심할 만한 여러 사정이 있고 이를 뒷받침할만한 객관적인 자료도 없지 않는 만큼 이러한 점에 초점을 맞추어, ○○○가 고소인을 사기죄로 고소한 지 약 ○○개월이 경과한 후에야 뒤늦게 피의자가 고소인을 고소하게 된 경위가 무엇인지, 피의자가 뒤늦게 문제된 약속어음 ○○장의 할인금을 특정하여 고소인이 횡령하였다고 주장하게 된 근거는 무엇인지, 과연 장부는 진실로 폐기되었는지, 폐기사유가 합당한 것인지, 또 피의자가 수사기관에서 수회에 걸쳐 진술을 하면서 일관성이 없는 진술을 한 이유는 무엇인지, 피의자가 주장하는 횡령내용이 ○○○가 주장한 편취내용과 다른 이유는 무엇인지, 피의자가 고소를 제기하는 과정에서 ○○○과 ○○○ 사이에 사전협의가 있었는지 여부 등을 면밀히 조사한 후 피의자에 대한 무고 혐의의 유무를 결정하였어야 합니다.

(2) 그런데 검사 ○○○은 위에서 지적한 수사상의 문제점들에 관하여 충분히 조사를 하지 아니한 채 피의자의 주장만을 일방적으로 받아들여 각하의 불기소처분을 하였으므로, 이 사건 불기소처분은 그 결정에 영향을 미친 중대한 수사미진 등의 잘못이 있는 자의적인 처분이라 아니할 수 없습니다.

4. 결론

위와 같이 검사 ○○○의 이 사건 각하 불기소처분은 중요한 수사쟁점에 대한 중요한 수사가 이루어지지 아니한 수사미진에 의한 법리오해로 행한 잘못된 결정이므로 이에 고소인은 부득이 이 사건 항고에 이르게 되었으니 재기수사의 명을 내려주시기 바랍니다.

소명자료 및 첨부서류

1. 증 제1호증   불기소처분 이유서

○○○○ 년 ○○ 월 ○○ 일

위 고소인(항고인) : ○ ○ ○   (인)

대전 고등검찰청 검사장 귀중

항 고 장

사 건 번 호 : ○○○○형 제○○○○호 사기방조

고 소 인(항 고 인) : ○   ○   ○

피고소인(피항고인) : ○   ○   ○

○○○○ 년 ○○ 월 ○○ 일

위 고소인(항고인) : ○   ○   ○   (인)

서울 고등검찰청 검사장 귀중

항 고 장

1. 고 소 인 (항 고 인)

성　　명	○ ○ ○	주민등록번호		생략
주　　소	강원도 원주시 ○○로○○길 ○○, ○○○호			
직　　업	회사원	사무실 주　소	생략	
전　　화	(휴대폰) 010 - 5656 - 0000			
사건번호	춘천지방검찰청 원주지청 ○○○○형 제○○○○호 사기방조 사건의 고소인 겸 항고인			

2. 피고소인 (피항고인)

성　　명	○ ○ ○	주민등록번호		생략
주　　소	생략			
직　　업	무지	사무실 주　소	생략	
전　　화	(휴대폰) 010 - 2987 - 0000			
사건번호	춘천지방검찰청 원주지청 ○○○○형 제○○○○호 사기 방조 사건의 피고소인 겸 피항고인			

항고취지

위 피고소인(피항고인) ○○○에 대한 춘천지방검찰청 원주지청 ○○○○년 형제○○○○호 사기방조 고소사건에 관하여 춘천지방검찰청 원주지청 검사 ○○○은 ○○○○. ○○. ○○.피고소인(피항고인) ○○○에게 증거 불충분하여 혐의 없다는 이유로 불기소처분을 하였는바, 이는 항고이유와 같이 부당하므로 아래와 같이 항고합니다.

항고이유

1. 범죄사실 및 불기소 이유

(1) 범죄사실

○ 고소인은 ○○○○. ○○. ○○. ○○:○○경 수사기관을 사칭하는 성명불상자로부터 개인정보가 유출되어 대포통장이 개설되어 범죄에 이용되고 있다는 전화를 받고 그가 알려주는 사이트에 접속하여 금융거래에 필요한 개인정보를 입력하였습니다.

○ 성명불상자는 고소인 명의의 ○○은행계좌에서 ○○○명의 ○○은행계좌로 70,000,000원을 임의로 이체하였습니다.

○ ○○○의 ○○은행계좌에는 ○○○○. ○○. ○○. ① ○○:○○경 이○○ 명의로 3,000천만 원, ② ○○:○○경 고소인 명의로 5,000천만 원, ③ ○○;○○경 고소인 명의로 2,000천만 원 등 합계 1억 원이 입금되었습니다.

○ ○○○은 그날 ① ○○:○○경 ○○은행 ○○지점에서 5,000천만 원, ② ○○:○○경 ○○은행 ○○지점에서 5,000천만 원을 인출하였습니다.

○ 고소인의 고소에 따라 ○○○을 컴퓨터등사용사기방조죄의 피의자를 인지한 경찰은 ○○○○. ○○. ○○. 피의자 ○○○을 소환하여 그의 진술을 들었습니다. ○○○은 경찰에서, 대부업체로부터 돈을 대출받는 과정에서 ○○○이라는 사람과 전화통화를 하면서 신용등급을 올리기 위해 필요하다는 말을 믿고 ○○○이 시키는 대로 자신의 계좌에 입금된 돈을 찾아 전액 현금으로 전달하였다고 진술하였습니다.

○ ○○○은 자신의 주장에 대한 증명자료로 ○○은행으로부터 대출영업을 위탁받아 여신상담 업무를 수행하는 사람이라고 소개하였다고 하는 이○○의 명함 사본, 신용보증(은행위탁용) 상담신청서, ○○○가 대부업체인 ○○저축은행으로부터 대출받은 금액이 기재된 기대출내역 확인서, ○○금융에 대출의 상환 및 해지를 위임하는 내용의 부채상환(대납) 위임각서를 제출하였습니다.

○ 고소인이 받은 수사기관을 사칭한 전화와 ○○○가 통화한 ○○○ 등의 전화번호는 중국 등 외국에서 현지인 명의 등으로 가입 후 발신번호 조작을 통해 국내번호로 표시되어 수신되는 것으로 전화를 이용한 사기 조직이 사용하는 전화번호로 파악되었습니다.

○ 경찰은 ○○○를 기소 의견으로 검찰에 송치하였습니다.

(2) 불기소 이유

○ 검사 ○○○은 ○○○를 ○○○○. ○○. ○○.조사하였는데, ○○○는 경찰에서와 같은 취지로 진술하면서 당시 대출이 급한 상황이라 비정상적 거래라는 생각을 하지 못하였다고 주장하였습니다.

○ 검사 ○○○은 ○○○의 진술만 듣고 다음날 ① ○○○에게 동종

전과가 없고, ② ○○○가 제출한 이○○의 사진이 포함된 명함 사본과 상담신청서 등 서류가 그의 주장에 일부 부합하며, ③ ○○○가 이○○ 등의 연락처를 보관하고 있으며, ④ ○○○가 대가를 취득한 사실이 확인되지 않는다는 등의 이유로 이 사건 불기소처분을 하였습니다.

2. 피의자의 진술에 대한 신빙성

(1) 피의자 ○○○는 자신의 실명계좌를 이용하여 거래했고, 그가 제출한 자료에 따르면 실제로 대부업체로부터 대출을 받으려고 시도한 것으로 보이며, 이 사건으로 이익을 취득하였음을 인정할 수 있는 자료도 없습니다.

(2) 이런 사정은 피의자 ○○○에게 범죄 혐의가 없음을 뒷받침하는 자료가 될 수 있습니다.

(3) 그러나 피의자 ○○○의 경찰과 검찰에서의 진술에 일부 서로 어긋나는 부분이 있고, 다음과 같은 사정에 비추어 보면 ○○○에게 최소한 전화를 이용한 사기 범행의 방조 혐의를 인정할 수 있는 여지가 있습니다.

○ 피의자 ○○○는 대출을 권유하는 문자메시지를 받고 문의하는 과정에서 자신의 계좌로 입금되는 돈을 인출하여 전달해주는 방법으로 신용등급을 올려야 대출이 가능하다는 이야기를 그대로 믿었다고 진술하고 있습니다.

○ 그러나 개인 명의로 입금된 돈을 찾아 제3자에게 전달함으로써 신용등급이 올라간다는 것은 상식적으로 납득할 수 없는 것인데, 피의자 ○○○은 지방에서 대학을 졸업하고 여러 차례 대부업체나 제

2금융권으로부터 대출을 받은 경험이 있는 피의자 ○○○가 이런 말에 속았다는 것 자체가 쉽게 이해하기 어렵습니다.

○ 자신의 은행계좌에서 돈을 입출금함으로써 신용등급이 올라가는 것으로 믿었다고 하더라도, 1억 원이나 되는 현금을 은행을 2차례나 옮겨가며 현금으로 인출하여 은행 앞 도로에서 처음 보는 사람에게 그대로 전달하였다는 피의자 ○○○의 진술은 그대로 믿기 어렵습니다.

○ 피의자도 ① 경찰에서는 첫 번째 돈을 인출하여 전달할 때 의심이 들어 두 번째 돈을 찾아 전달할 때 ○○○에게 보이스피싱이 아니냐고 물었더니 그렇다면 한 번에 끝내지 여러 번 시키겠냐고 하여 믿었다고 진술하였고, ② 검찰에서는 첫 번째 돈을 인출할 때 약간 의심이 가서 ○○○에게 이 돈이 무슨 돈이냐고 물었더니 대출받은 돈을 돌려받는 것인데 신용등급을 올리기 위해 ○○○의 계좌를 이용하는 것이라고 하여 믿었고, 그렇다면 송금하면 되지 않느냐고 했더니 직원에게 전달해 달라고 하여 그대로 하였다는 취지로 진술하였습니다.

○ 스스로 보이스피싱을 의심하였다고 하면서 ○○○이라는 사람의 설득력 없는 해명을 그대로 믿었다는 피의자 ○○○의 진술은 납득하기 어렵습니다.

○ 피의자는 경찰에서 조사받으면서 ○○○은행 ○○○지점에서 현금을 인출할 때 사용처를 묻는 은행직원에게 ○○○이 사전에 알려준 대로 계약금에 사용한다고 답하였다고 진술하였습니다.

그러나 피의자에게 현금을 인출해 준 은행직원은 피의자가 거래처에 줄 돈과 직원들 월급으로 필요하다고 하며 현금을 요청하였다고 진술하고 있습니다.

신용등급을 올리기 위해 은행거래를 하면서 현금 사용처를 속인다
는 것도 선 듯 이해하기 어려울 뿐만 아니라, 현금 사용처에 대하
여도 은행직원과 다른 내용으로 진술하고 있는 피의자의 진술은
액면 그대로 믿기 어렵습니다.

○ 피의자는 돈을 인출한 뒤 ○○은행으로부터 보이스피싱에 연루되
었다는 전화나 문자메시지를 받고도 곧바로 수사기관에 신고하는
등 조치를 취하지 않았습니다.

○ 피의자는 ○○은행으로부터 전화 연락을 받고 ○○○에게 전화하
였더니 해프닝이라고 하여 그대로 있었다고 진술하고 있는데, 이
러한 주장도 설득력이 없습니다.

3. 검사의 수사미진 및 법리오해 내지 자의적 판단

(1) 그렇다면 검사 ○○○로서는, ① 피의자의 학력과 경력 등을 고려할
때 금융기관 대출 상담 등을 통해 자신의 신용상태를 확인한 적이
있는지 여부와 관련 금융지식의 정도 등을 조사하였어야 하고, ②
두 차례에 걸쳐 돈을 인출하는 과정에 관하여 피의자의 구체적 진술
에 일관성이 없으므로 당시 상황에 대한 정확한 진술내용을 정리하
고 상식에 어긋나는 부분을 확인하였어야 하며, ③ 피의자의 휴대전
화에 담겨져 있는 문자메시지나 통화내역, ○○은행에서 피의자에게
보이스피싱에 연루되었음을 통보한 문자메시지나 통화내용도 조사하
고, ④ 피의자가 대출 상담을 하였다는 이○○의 실존 여부 등도 반
드시 확인하고 진실을 파헤쳤어야 합니다.

(2) 검사 ○○○이 위와 같은 사항을 조사하고 확인하였다면 그 결과에

따라서는 고소인이 주장하는 피의자의 혐의가 인정될 가능성을 배제할 수 없습니다.

(3) 그럼에도 불구하고 검사 ○○○은 충분한 조사를 하지 않고 피의자의 진술만 듣고 그의 변명을 그대로 받아들여 무혐의처분을 하였는데, 이는 중대한 수사미진 및 법리오해에 따른 자의적 검찰권의 행사입니다.

4. 결론

결국 위와 같이 이 사건 혐의 없음 판단은 중요한 수사쟁점에 대한 중요한 수사가 이루어지지 아니한 수사미진 뿐 아니라 법리오해로 행한 잘못된 결정이므로 이에 고소인은 부득이 이 사건 항고에 이르게 되었으니 재기수사의 명을 내려주시기 바랍니다.

소명자료 및 첨부서류

1. 증 제1호증　　　　　불기소처분 이유서

○○○○ 년 ○○ 월 ○○ 일

위 고소인(항고인) : ○　　○　　○　　(인)

서울 고등검찰청 검사장 귀중

항 고 장

사 건 번 호 : ○○○○형 제○○○○호 협박

고 소 인(항 고 인) :   ○   ○   ○

피고소인(피항고인) :   ○   ○   ○

○○○○ 년 ○○ 월 ○○ 일

위 고소인(항고인) : ○   ○   ○   (인)

부산 고등검찰청 검사장 귀중

항 고 장

1. 고 소 인(항 고 인)

성 명	○ ○ ○	주민등록번호	생략
주 소	부산시 연제구 ○○로○○길 ○○, ○○○호		
직 업	회사원	사무실 주 소	생략
전 화	(휴대폰) 010 - 1789 - 0000		
사건번호	부산지방검찰청 동부지청 ○○○○형 제○○○○호 협박 사건의 고소인 겸 항고인		

2. 피고소인(피항고인)

성 명	○ ○ ○	주민등록번호	생략
주 소	생략		
직 업	무지	사무실 주 소	생략
전 화	(휴대폰) 010 - 2987 - 0000		
사건번호	부산지방검찰청 동부지청 ○○○○형 제○○○○호 협박 사건의 피고소인 겸 피항고인		

항고취지

위 피고소인(피항고인) ○○○에 대한 부산지방검찰청 동부지청 ○○○○년 형제○○○○호 협박 고소사건에 관하여 부산지방검찰청 동부지청 검사 ○○○은 ○○○○. ○○. ○○.피고소인(피항고인) ○○○에게 증거 불충분하여 혐의 없다는 이유로 불기소처분을 하였는바, 이는 항고이유와 같이 부당하므로 아래와 같이 항고합니다.

항고이유

1. 범죄사실 및 불기소 이유

(1) 범죄사실

○ 피의자는 ○○○○. ○○. ○○. ○○:○○부터 ○○:○○사이에 부산시 해운대구 ○○로 피의자의 ○○아파트에서, 고소인이 전날 헤어지자는 문자를 보낸 후 피의자의 전화를 받지 않자 새벽까지 반복적으로 전화를 하다가 마지못해 전화를 받은 고소인에게 술을 많이 마셔 힘들고 이 전에 고소인과 다투다가 다친 손가락이 아프다는 핑계를 대며 만나자고 하여 고소인을 유인한 후, 피의자의 집에서 중국음식과 소주를 시켜 마신 다음 고소인과 성관계를 하려고 시도하였으나 고소인이 '사후 피임약을 먹어 배가 아파서 하기 싫다 밥 먹고 밖으로 나가자고 거부하자 주방에서 식칼을 들고 피의자의 손가락을 자르려는 태도를 보이며 협박하여 이에 겁을 먹은 고소인을 간음하여 강간하였습니다.

○ 고소인에 대한 집착과 의심이 많은 피의자로부터 ○○○○. ○○. ○○.폭행을 당해 외포 상태였고, 이후 헤어지자고 요구하였으나 피의자가 집요하게 연락을 하면서 고소인의 어머니가 운영하는

식당에 위해를 줄 듯한 태도를 보여 어쩔 수 없이 만나주었으며, ○○○○. ○○. ○○.피의자의 ○○아파트에서 성관계를 거부하였음에도 피의자가 부엌에 있는 식칼로 자해를 할 듯한 태도를 보여 겁을 먹고 의사에 반한 성관계를 하였을 뿐이며, 강간을 당한 후 피의자와 해변과 노래방 등을 다닌 이유는 자연스럽게 행동해야 피의자가 의심하지 않고 집에 가도록 놓아줄 것 같아서 그런 것일 뿐입니다.

(2) 불기소 이유

○ 고소인이 의사에 반한 성관계를 하였을 수 있으나, 피의자가 손가락을 칼로 자해하려고 한 것이 직접적인 협박이라고 보기 어렵고, 사건 이전에 ○차례나 성관계를 하였으며, 사건 직후에도 고소인이 매우 자연스럽게 피의자의 ○○아파트를 나와 해변과 노래방 등을 돌아다닌 점 등에 비추어 성관계 당시 강간이 성립하기 위한 '항거를 불가능하게 하거나 현저하게 곤란하게 할 정도의 협박'이 있었다고 볼 수 있는 증거가 부족하여 불기소처분을 한다는데 있습니다.

2. 이 사건의 실체

(1) 고소인은 ○○○○. ○○. ○○.이혼한 후 ○○○○. ○○. ○○.소셜네트워크 서비스 'Facebook'을 통해 피의자를 알게 되어 교제를 시작하였습니다.

(2) 고소인은 사건 다음 날인 ○○○○. ○○. ○○. ○○경찰서에서 피의자로부터 폭행과 강간을 당하였다고 신고하였습니다. 고소인이 신고한 내용은 두 가지로 하나는 ○○○○. ○○. ○○.자 이 사건 강간 피의사실의 요지와 같고, 두 번째는 '○○○○. ○○. ○○. ○

○:○○경 부산시 동래구 ○○로 ○○, 소재 모텔에서 고소인이 피의자에게 헤어지자고 하자 이에 격분한 피의자가 모텔 방을 나갔다가 돌아왔을 때 고소인이 모텔 방문을 열어주지 않았다는 이유로 모텔 방에 있던 커피포트를 벽에 집어 던지고, 맥주와 생수를 고소인을 향하여 뿌리고 침을 뱉으며 손바닥으로 뺨을 수십 회, 주먹으로 머리를 수십 회를 때려 약 전치 ○주간 치료가 필요한 비골골절상을 가하였다' 는 것입니다.

(3) 경찰은 ○○○○. ○○. ○○. ○○:○○경 위 폭행 장소인 부산시 동래구 ○○로 ○○, 소재 ○○모텔을 방문하여 폭행 당일 CCTV를 확인하였는데, ○○○○. ○○. ○○. ○○:○○경 피의자가 혼자 모텔 방을 나갔다가 ○○:○○경 다시 모텔 방 앞으로 왔으나 고소인이 문을 열어주지 않아 ○○:○○경에야 모텔방 안으로 들어가고, 같은 날 ○○:○○경 고소인이 맨발로 모텔 방을 뛰쳐나와 복도로 뛰어가고 피의자도 맨발로 고소인 뒤를 따라가 고소인의 팔을 잡아당기고, 같은 날 ○○:○○경 고소인이 모텔 카운터로 가자 피의자가 고소인을 밀쳐내고 카운터에 뭔가 이야기를 하고, 같은 날 ○○:○○경 모텔 밖으로 나온 고소인이 길 건너 불상의 남자 ○명의 뒤로 가서 숨고 이를 본 피의자가 고소인에게 다가갔지만 불상의 남자 ○명의 만류로 더 이상 접근하지 못하는 영상입니다.

(4) 경찰은 ○○○○. ○○. ○○.피의자를 주거지 인근에서 긴급체포하였고, 피의자는 고소인에 대한 ○○○○. ○○. ○○.자 폭행 혐의와, 이후 헤어지자고 요구한 고소인에게 반복적으로 전화와 문자를 한 것은 인정하였으나, ○○○○. ○○. ○○.자 강간 혐의에 대해서는 성관계를 거부하는 고소인과 실랑이를 하다가 부엌칼로 자해를 시도한 것은 맞지만 결국 고소인의 승낙을 받고 성관계를 한 것이라고 혐의를 부인하였습니다.

(5) 고소인은 ○○○○. ○○. ○○.경찰에서 ○회 피해자진술을 하면서 피의자가 강간 다음날인 ○○○○. ○○. ○○. ○○:○○경부터 다음 날인 ○○:○○까지 고소인에게 반복적으로 전화와 문자를 하였는데 그 중 고소인을 칼로 찔러 죽이고 고소인의 모친이 운영하는 식당에도 칼을 들고 찾아가 다 죽이고 자신도 죽겠다고 협박한 사실이 담긴 녹취록을 이미 제출하였습니다.

(6) 피의자는 ○○○○. ○○. ○○.검찰에서 ○○○○. ○○. ○○.자 폭행 혐의에 대해서 대체로 시인하였으나, 강간 혐의에 대해서 경찰에서와 같은 취지로 성관계를 거부하는 고소인에게 성관계를 하자고 조르다가 부엌칼로 자해를 시도한 것은 맞지만 결국 승낙을 받고 성관계를 한 것이고, 성관계 후 저녁 ○○:○○경 피의자의 ○○아파트를 청구인과 함께 나와 통닭을 사서 해변에서 먹고 인근 노래방에까지 가서 즐겁게 논 후에 헤어졌다면서 ○○○○. ○○. ○○. ○○:○○경 피의자 ○○아파트 엘리베이터 CCTV영상, 같은 날 ○○:○○경 해운대구 소재 노래연습장 CCTV영상 및 해변에서 촬영한 사진, 해변에서 만난 피의자의 선배와 노래방 주인의 자술서 등을 제출하였습니다.

(7) 고소인은 ○○○○. ○○. ○○. ○○:○○경 고소인의 모친 집에 도착하여 피의자와 영상통화를 마친 후, 다음 날 ○○:○○경 앞서 본 바와 같이 부산 ○○경찰서에 찾아가 피의자로부터 협박을 당하고 폭행과 강간을 당하였다고 신고하였습니다.

3. 수사미진 및 법리오해 자의적인 판단

(1) 그러나 피의자와 고소인 단 둘이 있는 ○○아파트 거실에서 부엌칼로 자해를 시도하는 피의자의 성관계 요구를 거절할 경우 단순히 피의자 자신에 대한 자해에 그칠 것이라고 믿기 어려웠을 것으로 보이고, 이에 더하여 다음과 같은 사정에 비추어 협박에 의한 강요된 성관계라

고 볼 여지가 많습니다.

○ 칼로 자해를 하려고 시도하는 것이 경우에 따라서는 단순한 자해 행위 시늉에 불과한 것이 아니라 그 요구를 들어주지 않을 경우 상대방에게 어떤 해악을 가할 듯한 위세를 보인 행위로서 협박에 해당한다고 볼 수 있습니다(대법원 2011. 1. 27. 선고 2010도 14316 판결, 대법원 2006. 6. 15. 선고 2006도2311판결 등 참조).

○ 한편, 강간죄가 성립하려면 가해자의 폭행·협박은 피해자의 항거를 불가능하게 하거나 현저히 곤란하게 할 정도의 것이어야 하고, 그 폭행·협박이 피해자의 항거를 불가능하게 하거나 현저히 곤란하게 할 정도의 것이었는지 여부는 그 폭행·협박의 내용과 정도는 물론, 유형력을 행사하게 된 경위, 피해자와의 관계, 성교 당시와 그 후의 정황 등 모든 사정을 종합하여 판단하여야 합니다.(대법원 2007. 1. 25. 선고 2006도5979 판결 참조).

○ 위와 같이 가해자가 폭행을 수반함이 없이 오직 협박만을 수단으로 피해자를 간음한 경우에도 그 협박의 정도가 피해자의 항거를 불가능하게 하거나 현저히 곤란하게 할 정도의 것이라면 강간죄가 인정될 수 있는데, 고소인은 사건 당일로부터 불과 일주일 전인 ○○○○. ○○. ○○. ○○:○○경 ○○모텔에서 피의자로부터 폭행을 당하여 코뼈가 부러지는 상해를 입었으므로 피의자의 폭력적 성향과 집착적인 성격으로 인하여 심리적인 외포상태에 이르렀습니다.

○ 고소인이 피의자로부터 폭행을 당한 이후인 ○○○○. ○○. ○○.부터 같은 달 ○○.까지 손가락 골절로 입원해 있은 피의자를 간호해주고 그 기간 중 3회 합의에 의한 성관계를 한 것은 사실이나, 고소인은 이 사건 발생 당일인 ○○○○. ○○. ○○. ○○:○○경 피의자에게 '마지막으로 잘 지내라 이 말은 꼭 전해주고

싶다. 다음 생에 우리 좋은 인연으로 만날 수 있게 기도하자' 라는 문자메시지를 전송하여 피의자와의 관계를 단절하고자 하는 의사를 명확하게 표시하였습니다.

○ 고소인은 위 문자메시지를 받은 피의자가 반복적으로 휴대전화와 문자 등으로 연락을 시도하자 이를 무시하다가 결국 어쩔 수 없이 이 사건 발생 당일 피의자를 만났고, 집에서 점심을 시켜먹자는 피의자를 따라 피의자의 ○○아파트에 갔습니다. 고소인은 점심 식사를 마친 피의자에게 밖으로 나가자고 요구하였지만, 피의자는 이를 무시하고 계속하여 성관계를 요구하다가 고소인이 거부하자 식칼로 자해를 하려하여 이에 고소인은 결국 성관계를 할 수밖에 없었습니다.

○ 고소인은 검찰에서 조사를 받으면서 '피의자가 처음 칼을 들었을 때는 성관계를 거부한 것 때문이 아니고 고소인이 피의자를 좋아하는지 확신을 얻으려고 한 것 같다' 라고 진술하였으나, 이어서 '피의자가 이 자리에서 손가락 잘라버리고 너도 죽는다고 말해서 혹시 손가락 자르고 나도 죽일지도 모른다는 생각에 엄청 겁이 났다' 라는 진술을 하였습니다.

○ 위와 같은 사정만 보더라도 피의자보다 육체적으로 열세인 고소인이 외부와 차단된 공간에서 식칼로 자해를 시도하는 피의자의 성관계 요구를 거부할 경우 피의자에 대한 자해에 그치지 아니하고 고소인에게 위해를 가할 가능성이 매우 높다고 예상할 수 있고, 고소인도 검찰에서 조사를 받을 때 그러한 위협을 느꼈다고 명백하게 진술하였음에도 불구하고 검사 ○○○은 이 사건 불기소처분 당시 이를 모두 간과하였습니다.

○ 또한 검사 ○○○은 고소인의 당시 상황으로서는 자연스럽게 행동

해야 피의자가 의심하지 않고 집에 가도록 놓아줄 것 같아서 강간 이후 피의자와 오래 동안 시간을 함께 보낼 수밖에 없었다는 고소인의 주장을 뒷받침하는 유력한 정황증거가 될 수 있는데 이에 대한 수사가 전혀 이루어지지 않았습니다.

4. 결론

결국 위와 같은 사정에 비추어 피의자에 대하여 협박에 의한 강간 혐의가 인정될 가능성이 높음에도 불구하고 내려진 이 사건 불기소처분은 중대한 수사미진 및 법리오해에 따른 자의적 검찰권의 행사라 할 것이므로 이에 고소인은 부득이 이 사건 항고에 이르게 되었으니 재기수사의 명을 내려주시기 바랍니다.

소명자료 및 첨부서류

1. 증 제1호증   불기소처분 이유서

○○○○ 년 ○○ 월 ○○ 일

위 고소인(항고인) : ○   ○   ○   (인)

부산 고등검찰청 검사장 귀중

항　　고　　장

사　건　번　호 : ○○○○형 제○○○○호 사기

고 소 인(항 고 인) : ○　　　○　　　○

피고소인(피항고인) : ○　　　○　　　○

○○○○ 년 ○○ 월 ○○ 일

위 고소인(항고인) : ○　　　○　　　○　　　(인)

부산 고등검찰청 검사장 귀중

항 고 장

1.고 소 인(항 고 인)

성 명	○ ○ ○	주민등록번호	생략
주 소	부산시 ○○구 ○○로○○길 ○○, ○○○호		
직 업	회사원	사무실 주 소	생략
전 화	(휴대폰) 010 - 6678 - 0000		
사건번호	부산지방검찰청 서부지청 ○○○○형 제○○○○호 사기 사건의 고소인 겸 항고인		

2.피고소인(피항고인)

성 명	○ ○ ○	주민등록번호	생략
주 소	생략		
직 업	무지	사무실 주 소	생략
전 화	(휴대폰) 010 - 2239 - 0000		
사건번호	부산지방검찰청 서부지청 ○○○○형 제○○○○호 사기 사건의 피고소인 겸 피항고인		

항고취지

위 피고소인(피항고인) ○○○에 대한 부산지방검찰청 서부지청 ○○○○년 형제○○○○호 사기 고소사건에 관하여 부산지방검찰청 서부지청 검사 ○○○은 ○○○○. ○○. ○○.피고소인(피항고인) ○○○에게 증거 불충분하여 혐의 없다는 이유로 불기소처분을 하였는바, 이는 항고이유와 같이 부당하므로 아래와 같이 항고합니다.

항고이유

1. 고소사실 및 불기소 이유

(1) 고소사실

1. 피고소인(이하 '피의자' 라고 합니다) ○○○○. ○○. ○○. 고소인으로부터 금원을 차용하더라도 이를 변제할 의사와 능력이 없음에도 불구하고 사업자금이 필요한데 돈을 빌려주면 월 5푼의 이율로 계산하여 원리금을 바로 상환하겠다고 거짓말하여 이에 속은 고소인으로부터 그 즉시 금 ○,○○○만 원을 교부받아 이를 편취하고,

2. 같은 해 ○○. ○○.같은 방법으로 고소인을 속여 금 ○,○○○만 원을 교부받아 이를 편취하고,

3. 같은 해 ○○. ○○.같은 방법으로 고소인을 속여 금 ○,○○○만 원을 교부받아 이를 편취하고,

4. 같은 해 ○○. ○○.사실은 고소인으로부터 금원을 차용하더라도 그 자금으로 ○○에서 ○○광산을 개발하고 ○○판매 사업을 하

여 이를 변제할 의사와 능력이 없음에도 불구하고 ○○을 채광하여 판매 사업을 하려고 하는데 자금이 부족하니 금 ○,○○○만 원을 빌려주면 금 ○,○○○만 원과 사업이익의 ○○%를 지급하고 그간 지급하지 못한 차용금도 모두 지급하겠다고 거짓말하여 이에 속은 고소인으로부터 금 ○,○○○만 원을 교부받아 이를 편취하고,

5. 같은 해 ○○. ○○. 같은 방법으로 고소인을 속여 금 ○,○○○만 원을 교부받아 이를 편취하고,

6. 같은 해 ○○. ○○. 변제할 의사가 전혀 없음에도 불구하고 고소인에게 금 ○○○만원을 빌려주면 바로 변제하겠다고 거짓말하여 이에 속은 고소인으로부터 금 ○○○만원을 교부받아 이를 편취하고,

7. 같은 해 ○○. ○○. 사실은 인도네시아에서 다이아몬드를 수입하여 판매 사업을 할 의사가 없음에도 불구하고 고소인에게 인도네시아에서 다이아몬드를 수입·판매하는 사업을 하려고 하는데 자금이 부족하니 금 ○,○○○만 원을 빌려주면 바로 변제하겠다고 거짓말하여 이에 속은 고소인으로부터 금 ○,○○○만 원을 교부받아 이를 편취하고,

8. 같은 해 ○○. ○○. 같은 방법으로 고소인을 속여 금 ○,○○○만 원을 교부받아 이를 편취하고,

9. ○○○○. ○○. ○○. 부산시 ○○구 ○○로 소재 ○○은행 ○○지점에서 사실은 고소인의 처 임○○ 소유의 부산시 ○○구 ○○로 ○○, 소재 ○○아파트 ○○○동 ○○○호를 담보로 위 은행으로부터 금 ○,○○○만 원을 대출받더라도 대출금을 변제할

의사와 능력이 없음에도 불구하고 고소인에게 위 ○○아파트를 담보로 위 ○○은행으로부터 금 ○,○○○만 원을 대출받아 빌려 주면 바로 변제하겠다고 거짓말하여 이에 속은 고소인으로부터 금 ○,○○○만 원을 교부받아 이를 편취하였습니다.

(2) 불기소 이유

○ 검사 ○○○은 위 고소사실 중 피의자가 고소인으로부터 금 ○,○ ○○만 원을 교부받은 부분만을 피의사실로 확정한 다음 아래와 같은 이유로 불기소처분을 하였습다.

○ 피의자는 자기 명의의 약속어음을 고소 외 박○○에게 빌려주었 는데 지급기일에 결제를 하지 아니하고 어음금을 대신 결제해 주 면 바로 변제하겠다고 하므로 이를 믿고 고소인으로부터 금원을 차용하여 어음결제를 하였다.

○ 그런데 피의자는 박○○으로부터 어음금을 지급받지 못하여 고소 인에게 차용금 변제를 못한 것이지 변제할 의사 없이 금원을 교 부받은 것은 아니라고 변명하면서 박○○의 진술을 들어보면 사 실을 알 수 있다고 주장한다.

○ 따라서 피의자의 변명은 박○○의 진술이 있어야 그 진상을 밝힐 수 있는데 현재 소재불명이므로 참고인중지 함이 상당하다는데 있습니다.

2. 수사미진 또는 판단유탈 및 자의적인 판단

(1) 피의자가 위 각 금원을 교부받은 사실을 대체로 시인하면서 그 경위 에 관하여 고소 외 박○○이 피의자의 어음을 빌려 사용하고 지급기

일이 다가오자 피의자에게 어음금을 대신 입금해 주면 바로 변제하겠다고 하기에 고소인으로부터 금원을 차용하여 입금한 것인데 위 박○○이 피의자에게 변제하지 아니하는 바람에 고소인에게 변제하지 못한 것이지 차용금 명목으로 금원을 편취하기 위해 고소인을 속인 것은 아니라고 변명하고 있습니다.

(2) 따라서 위 박○○의 진술을 듣기 전에는 사실여부를 확인하기 어렵고 현재 소재불명이므로 검사 ○○○가 한 참고인중지 결정은 정당하다는데 있습니다.

(3) 고소사실 제3항에 관하여,

피의자는 고소인으로부터 금 ○,○○○만 원이 아닌 금 ○,○○○만 원을 차용하였는데, 그 경위는 박○○으로부터 조만간 변제하겠다면서 어음금을 대신 결제해 달라는 부탁을 받고 고소인으로부터 금원을 차용하여 지급하였으나 박○○이 어음금을 변제하지 아니하여 고소인에게 변제를 하지 못한 것이라고 변명하면서 다만 고소인이 경상남도 양산시 ○○로 ○○, 소재 토지매입을 위해 금 ○,○○○만 원을 투자한 사실이 있는데 이는 차용금은 아니지만 고소인이 반환을 요구한다면 반환할 용의가 있다는 취지로 진술하고 있습니다.

(4) 위와 같이 교부된 금액 및 그 경위에 관하여 고소인과 피의자의 주장이 서로 다르다면 검사 ○○○으로서는 그 부분에 관하여 고소인과 피의자를 대질조사 하는 등의 방법으로 교부된 금액 및 그 경위를 조사한 다음 범죄혐의 유무를 판단하여야 합니다.

그럼에도 불구하고 검사 ○○○은 막연히 피의자가 시인하는 금 ○,○○○만 원 차용부분만을 고소사실로 확정하고 참고인중지결정을 하였습니다.

(5) 따라서 검사 ○○○은 고소인이 주장하는 금 ○,○○○만 원의 편취 여부에 관한 수사를 다하지 아니 하였을 뿐만 아니라 금 ○,○○○만 원 중 금 ○,○○○만 원을 제외한 나머지 부분에 대한 판단을 유탈하였다고 볼 수밖에 없습니다.

(6) 고소사실 제4항에 관하여,
　　피의자는 금원을 교부받은 사실은 시인하면서도 그 경위에 관하여는 차용금 명목으로 받은 것이 아니라 ○○에 있는 ○○광산 개발을 위한 동업투자 금으로 받은 것이고 고소인에게 이를 반환하지 못한 것은 ○○○과 ○○개발에 관한 동업계약을 체결하였는데 예상보다 ○○매장량이 적어 사업에 실패한 때문이라고 변명하고 있습니다.

　　금원의 교부경위에 관하여 고소인은 대차관계를 내세운 사기라고 주장하고 피의자는 동업투자라고 주장하고 있어 당사자 간의 진술이 서로 엇갈리고 있습니다.

　　검사 ○○○으로서는 대질조사 등을 통하여 그 교부경위를 명확히 하고 ○○○○개발에 관여한 자들을 조사하여 어느 쪽의 진술이 신빙성이 있는지를 가려서 범죄혐의 유무를 밝혔어야 합니다.

　　그럼에도 불구하고 검사 ○○○은 금원의 교부경위 및 ○○개발에 관여한 자들에 대한 조사도 없이 ○○개발과는 아무런 관계가 없는 것으로 보이는 박○○이 소재불명이라는 이유로 참고인중지 결정을 하였습니다.

　　따라서 검사 ○○○은 범죄혐의 유무를 밝히기 위한 수사를 다하지 아니하였거나 증거를 자의적으로 판단한 허물이 있습니다.

(7) 고소사실 제5항 및 제6항에 관하여,

고소인은 경찰에서의 제2회 고소인진술 및 고소보충 진술서에서 피의자가 ○○○○. ○○. ○○, 고소인으로부터 차용금 명목으로 금 ○,○○○만 원을 편취하고, 같은 달 ○○. 차용금 명목으로 금 ○○○만원을 편취하였다고 진술하고 있으므로 이 진술은 고소를 한 것으로 보아야 합니다.

그러나 검사 ○○○은 피의사실에서 위와 같은 내용을 누락하여 아무런 조사도 하지 아니하였으므로 고소한 사실에 대하여 수사를 다하지 아니한 위법이 있습니다.

(8) 고소사실 제7항 내지 제9항에 관하여,

피의자는 위 각 금원을 차용한 사실을 시인하고 금원차용 이유는 이미 발행한 수표금의 입금을 위한 것이거나 인도네시아에서 다이아몬드를 수입판매하기 위한 자금을 마련하기 위한 것이었다고 진술하면서 ○○을 판매해서 얻은 수익금으로 변제하려 하였으나 사업에 실패하는 바람에 변제하지 못한 것이지 고소인의 금원을 편취하려 한 것은 아니라고 변명하고 있습니다.

그러나 검사 ○○○은 이 부분에 관하여서도 앞에서 지적한 바와 같이 피의자가 과연 ○○판매 사업을 하였는지 여부에 관해 자세히 조사하지 아니하고 위와 같은 변명과 상관이 없는 박○○의 소재불명을 이유로 참고인중지 결정을 하였으므로 이 부분에 관하여서도 검사 ○○○은 범죄혐의의 유무를 밝히기 위한 수사를 다하지 아니하였거나 증거를 자의적으로 판단한 잘못이 있습니다.

한편 피의자 소유 부동산에 관한 등기부등본의 기재에 의하면 위 금원차용당시 위 부동산들은 이미 근저당권이 설정되어 있어 재산적 가치가 있는지 의심스럽고 피의자에게는 별 다른 재산이 없는 것은 스스로도 인정하고 있습니다.

특히 ○○○○. ○○. ○○.이후에는 피의자가 어음금 결제를 할 금원을 대여한 박○○의 채권자 등으로부터 피의자 소유의 부동산에 가압류가 되어있는 것으로 보면 박○○의 피의자에 대한 채무변제 가능성에 의문이 있습니다.

더욱이 피의자는 자금사정이 좋지 않은 것으로 보임에도 불구하고 고소인으로부터 계속 금원을 차용하고, 나아가서는 자력이 거의 없는 것으로 보이는 고소 외 윤○○과 서로 융통어음을 발행하여 윤○○이 발행한 어음을 지급기일에 결제할 뚜렷한 계획도 없이 이 어음을 담보로 고소인으로부터 금원을 차용하고 있었습니다.

검사 ○○○은 이러한 점들에 비추어 보면 피의자가 금원차용 당시에 과연 변제할 의사와 능력이 있었는지를 검토할 필요가 있었습니다.

그리고 피의자가 박○○에게 금원을 빌려주었는지 여부는 피의자의 진술 외에 기록상 이를 확인할 만한 자료가 없으므로 그 부분도 증거조사를 하고 진실을 파헤쳤어야 합니다.

3. 결론

그러므로 검사 ○○○의 불기소처분 중 고소사실 제3항 내지 제9항에 관한 검사 ○○○의 불기소처분은 판단을 유탈하였거나 마땅히 조사하여야 할 중요한 사항에 대한 조사를 소홀히 한 채 자의적인 증거판단에 의한 것이므로 고소인은 부득이 이 사건 항고에 이르게 되었으니 재기수사의 명을 내려주시기 바랍니다.

소명자료 및 첨부서류

1. 증 제1호증   불기소처분 이유서

○○○○ 년 ○○ 월 ○○ 일

위 고소인(항고인) : ○   ○   ○   (인)

부산 고등검찰청 검사장 귀중

항 고 장

사 건 번 호 : ○○○○형 제○○○○호 업무상횡령 등

고 소 인(항 고 인) : ○   ○   ○

피고소인(피항고인) : ○   ○   ○ 외1

○○○○ 년 ○○ 월 ○○ 일

위 고소인(항고인) : ○   ○   ○   (인)

광주 고등검찰청 검사장 귀중

항 고 장

1.고 소 인(항 고 인)

성 명	○ ○ ○	주민등록번호	생략
주 소	광주시 ○○구 ○○로○○길 ○○, ○○○호		
직 업	상업	사무실 주 소	생략
전 화	(휴대폰) 010 - 2345 - 0000		
사건번호	광주지방검찰청 ○○○○형 제○○○○호 업무상횡령 등 사건의 고소인 겸 항고인		

2.피고소인1(피항고인1)

성 명	○ ○ ○	주민등록번호	생략
주 소	생략		
직 업	무지	사무실 주 소	생략
전 화	(휴대폰) 010 - 2987 - 0000		
사건번호	광주지방검찰청 ○○○○형 제○○○○호 업무상횡령 등 사건의 피고소인1 겸 피항고인1		

피고소인2(피항고인2)

성 명	○ ○ ○	주민등록번호	생략
주 소	생략		
직 업	무지	사무실 주 소	생략
전 화	(휴대폰) 010 - 3387 - 0000		
사건번호	광주지방검찰청 ○○○○형 제○○○○호 업무상횡령 등 사건의 피고소인2 겸 피항고인2		

항고취지

위 피고소인1(피항고인1) ○○○, 피고소인2(피항고인2) ○○○에 대한 광주지방검찰청 ○○○○년 형제○○○○호 업무상횡령 등 고소사건에 관하여 광주지방검찰청 검사 ○○○은 ○○○○. ○○. ○○.피고소인1(피항고인1) ○○○, 피고소인2(피항고인2) ○○○에게 증거 불충분하여 혐의 없다는 이유로 불기소처분을 하였는바, 이는 항고이유와 같이 부당하므로 아래와 같이 항고합니다.

항고이유

1. 고소사실 및 불기소 이유

(1) 고소사실

피고소인 박○진, 같은 박○정(이하 앞으로는 '피의자1, 피의자2'라고만 줄여 쓰겠습니다)은 ○○○○. ○○.경부터 ○○○○. ○○.경까지 광주광역시 ○○구 ○○로 ○○, 소재 ○○지하상가에 있는 ○○전산 직원으로서 위 회사의 물품판매 및 대금수금 등 업무에 종사하던 자들인 바, 공모하여,

1. ○○○○. ○○. ○○.부터 같은 해 ○○.말경까지 수회에 걸쳐 불상의 장소에서 위 회사를 위하여 업무상 보관하고 있던 물품납품 대금 ○○○,○○○,○○○원을 임의 소비하여 이를 횡령하고,

2. 위 지하상가 점포에서

○○○○. ○○.경 위 점포의 업무용 대표전화인 ○○○) ○○○-○○○○ 전화를 사용하지 못하게 하기 위하여 피의자1 박○진

명의의 ○○○) ○○○-○○○○ 전화를 개설하여 거래처 등에 그 번호로 전화할 것을 통지하여 위계로써 고소인의 업무를 방해하고,

3. 같은 달 ○○. 위 점포에 있던 인터폰의 선을 뽑아 위 점포와 고소인 운영의 광주광역시 ○○구 ○○로에 있는 ○○전산 간의 인터폰 통화를 불가능하게 하여 위력으로써 고소인의 업무를 방해하고,

4. 같은 달 ○○. 및 같은 해 ○○. ○○. 고소인이 회계장부 검사를 위해 보낸 고소인 회사의 직원인 고소 외 유○봉, 같은 노○옥의 위 점포의 출입을 막아 위력으로써 고소인의 업무를 방해하였습니다.

(2) 불기소 이유

○ 검사 ○○○은 ○○○○. ○○. ○○. 위 고소사건에 대하여 각 혐의 없음의 불기소처분을 하였습니다.

2. 불기소처분 이유의 오류

(1) 이 사건 점포의 소유관계

○ 먼저, 이 사건 업무상 횡령 내지 업무방해죄 성부의 기초가 되는 위 ○○전산 점포(이하 '이 사건 점포'라 합니다)의 소유관계는 사업자등록증 사본, 점포임대차계약서 사본, 고소인 명의의 중소기업은행 통장, 거래내역 사본 및 ○○은행 통장거래내역 사본, 고소인의 처인 고소 외 오○이 명의의 중소기업은행 통장사본, 고소 외 최○선 작성의 확인서와 같이 고소인이 컴퓨터주변기기 등

의 제조, 판매업을 운영하는 것입니다.

○ 피의자들은 고소인의 외 조카들로서 남매지간이며, 고소인은 ○○
○○년경부터 광주광역시 ○○구 ○○로 ○○에서 ○○전산이라는
상호로 컴퓨터주변기기 등의 제조, 판매업을 운영하던 중 ○○○
○. ○○.경 이 사건 점포를 개설하였고, 피의자1 박○진은 ○○
○○. ○○. ○○.자신의 명의로 위 ○○점포의 사업자등록을 하
고 피의자2 박○정과 공동으로 위 점포를 실질적으로 운영하였으
며, 양 점포는 결산을 통합하여 운영된 사실, 고소인이 고소 외
권○식과 이 사건 점포에 관하여 임대차계약을 체결할 무렵인 ○
○○○. ○○. ○○.그리고 위 권○식으로부터 이 사건 점포에 관
한 임차권을 양수하고 양수 금을 지급하기로 한 ○○○○. ○○.
○○.무렵인 ○○○○. ○○. 및 같은 달 ○○, 고소인 내지 고소
외 오○이 명의의 위 통장에서 임대차보증금 내지 양수 금 상당의
금원이 각 인출된 사실, 고소인은 이 사건 점포의 직원인 고소 외
유○봉, 같은 박○영을 고용하여 월급을 지급하였고, 피의자들 역
시 고소인으로부터 월급을 받은 사실 등을 인정할 수 있습니다.

○ 위와 같은 사실에 의하면 특별한 사정이 없는 한 이 사건 점포의
사업자 등록이나 분양자 명의가 피의자1 박○진으로 되어 있기는
하나 이 사건 점포의 소유자는 고소인이며 피의자들은 고소인이
고용한 자들로서 이 사건 점포의 관리를 맡고 있었습니다.

○ 그럼에도 불구하고 검사 ○○○은 이러한 부분에 대하여는 충분히
조사하지 아니하고 다만 피의자가 이 사건 점포를 실질적으로 운
영하여 왔다는 점만을 지적한 채 이 사건 수사를 종결하였습니다.

○ 그렇다면, 이는 다음에서 지적하는 점들과 관련하여 검사 ○○○
으로서 당연히 의심을 갖고 조사하여야 할 중요한 사항을 조사하

지 아니한 수사미진의 잘못이 있습니다.

(2) 업무상 횡령에 대하여,

○ 이 사건 점포가 고소인 단독의 소유인 경우는 말할 것도 없거니와, 고소인과 피의자들이 동업관계에 있다 하더라도 동업자 사이에 손익분배의 정산이 되지 아니하였다면 동업자의 한 사람이 임의로 동업자의 합유에 속하는 동업재산을 처분할 권한이 없는 것이므로, 피의자들이 이 사건 점포의 재산을 보관하던 중 임의로 소비하였다면 횡령한 금액 전부에 대하여 횡령죄의 죄책을 부담하게 됩니다.(대법원 1982. 9. 28. 선고 81도2777 판결; 대법원 200 0. 11. 10. 선고 2000도3013 판결 등 참조)

○ 이 사건 점포의 일계표 사본 및 당시 업무용 통장으로 사용하던 고소인 명의의 위 중소기업은행 통장 사본과 피의자 박○진 명의의 국민은행 통장사본의 각 기재내용을 대조하여 보면 ○○○○. ○○.부터 같은 해 ○○.까지 이 사건 점포의 입출금내역상 상당액의 차액이 발생하였음을 알 수 있고, 여기에 고소 외 박○영의 진술, 피의자2 박○정의 진술 중 이 사건 점포와 관련하여 고소인과 사이에 결산되지 않은 금액이 있다는 취지의 진술을 보면, 이러한 경우 검사 ○○○으로서는 피의자들이 이 사건 점포의 재산을 임의로 처분한 것이 아닌가 하는 의심을 가질 만합니다.

○ 그럼에도 불구하고, 검사 ○○○은 위와 같은 사정은 충분히 살펴보지 아니한 채, 단지 고소인이 주장하는 횡령액이 점차 줄어들고 있다는 점을 지적하며 단순히 장부상의 계산이 맞지 않는다는 이유만으로는 피의자들의 횡령사실을 입증하기에 부족하다고 하면서, 결국 피의자들의 변소만을 받아들여 업무상 횡령의 범죄혐의를 인정하지 아니한다고 하였으므로 이는 증거에 대한 자의

적인 판단 내지 수사미진에 기인한 것으로 보입니다.

(3) ○○○○. ○○. ○○. 업무방해에 대하여,

○ 형법 제314조 제1항의 업무방해죄에 있어서 위력이라 함은 범인
의 위세, 사람 수 및 주위의 상황에 비추어 피해자의 자유의사를
제압하기에 족한 세력을 말하는 것이고 현실적으로 피해자의 자
유의사가 제압된 것을 요하는 것은 아니라 할 것이며(대법원
1987. 4. 28. 선고 87도453,87감도41 판결 참조), 이와 관련하여
대법원은 점포에서 영업을 못하도록 단전조치를 취한 경우에 형
법 제314조 제1항의 '위력'을 인정한 바 있습니다(대법원 1983.
11. 8. 선고 83도1798 판결 참조)

○ 피의자들이 이 사건 점포에 설치된 인터폰의 선을 뽑아 이 사건
점포와 ○○점포 사이의 인터폰 통화를 불가능하게 한 사실이 인
정됩니다.

○ 이 인터폰은 두 점포의 운영과 관련하여 고소인의 중요한 통신수
단입니다. 위와 같은 사실이 인정됨에도 불구하고 검사 ○○○은
위와 같은 행위만으로는 위력 등을 사용하였다고 보기 어렵다고
본 판단은 위와 같은 판례의 태도에 비추어 업무방해죄에 관한 법
리오해 내지 수사미진에 기인한 것입니다.

(4) 소결론

○ 그렇다면 이 사건 고소사실 중 업무상 횡령 및 ○○○○. ○○. ○
○. 업무방해의 점에 관한 검사 ○○○의 불기소처분은 자의적인 검
찰권 행사로서 그 결정에 영향을 미친 중대한 법리오해, 수사미진이
나 증거판단의 잘못이 있습니다.

3. 결론

검사 ○○○의 위와 같이 피의자들에 대하여 불기소처분을 한 것은 그
결정에 영향을 미친 자의적인 판단 내지 중대한 수사미진의 잘못이 있으
므로 고소인은 부득이 이 사건 항고에 이르게 되었으니 재기수사의 명을
내려주시기 바랍니다. 이상의 이유로 재기수사를 명하여 주실 것을 간곡
히 부탁드립니다.

소명자료 및 첨부서류

1. 증 제1호증   불기소처분 이유서

○○○○ 년 ○○ 월 ○○ 일

위 고소인(항고인) : ○   ○   ○   (인)

광주 고등검찰청 검사장 귀중

【항고장(9)】 사기죄 불기소처분 차용금 딱지어음교부 기일연장 사기죄성립 법률의 적용 오류
항고장

항   고   장

사 건 번 호 : ○○○○형 제○○○○호 사기

고 소 인(항 고 인) :   ○   ○   ○

피고소인(피항고인) :   ○   ○   ○

○○○○ 년 ○○ 월 ○○ 일

위 고소인(항고인) : ○   ○   ○   (인)

부산 고등검찰청 검사장 귀중

항   고   장

1.고 소 인(항 고 인)

성 명	○ ○ ○	주민등록번호	생략
주 소	부산시 ○○구 ○○로 ○○, ○○○호		
직 업	상업	사무실 주 소	생략
전 화	(휴대폰) 010 - 8765 - 0000		
사건번호	부산지방검찰청 ○○○○형 제○○○○호 사기 사건의 고소인 겸 항고인		

2.피고소인(피항고인)

성 명	○ ○ ○	주민등록번호	생략
주 소	생략		
직 업	무지	사무실 주 소	생략
전 화	(휴대폰) 010 - 2239 - 0000		
사건번호	부산지방검찰청 ○○○○형 제○○○○호 사기 사건의 피고소인 겸 피항고인		

항고취지

위 피고소인(피항고인) ○○○에 대한 부산지방검찰청 ○○○○년 형제○○○○호 사기 고소사건에 관하여 부산지방검찰청 검사 ○○○은 ○○○○. ○○. ○○.피고소인(피항고인) ○○○에게 증거 불충분하여 혐의 없다는 이유로 불기소처분을 하였는바, 이는 항고이유와 같이 부당하므로 아래와 같이 항고합니다.

항고이유

1. 고소사실 및 불기소 이유

(1) 고소사실

○ 피의자는 ○○○○. ○○. ○○. 부산시 ○○구 ○○로 ○○길 ○○, 소재 ○○음반 사무실에서 고소인으로부터 차용금 등 ○,○○○만 원의 변제를 요구받자 발행인 ○○주식회사 안○헌, 발행일 ○○○○. ○○. ○○.발행지 부산광역시, 지급일 ○○○○. ○○. ○○. 지급장소 ○○은행 ○○지점, 액면금 ○억 원, 어음번호 자가○○○○○○○○ 약속어음 1매가 위조어음으로 지급기일에 정상적으로 지급되지 않을 것임을 알면서도 이를 정상적인 어음인 것처럼 속이고 고소인에게 차용금 등의 변제조로 교부하여 동액 상당의 재산상 이익을 취득하였습니다.

(2) 불기소 이유

○ 이에 대하여 검사 ○○○은 피의자가 위 약속어음이 소위 딱지어음 인정을 알고 있었다 하더라도 이미 변제기가 도래한 위 차용금 등의 변제명목으로 약속어음을 지급하였으므로 어음의 교부로 인

하여 위 채무가 소멸되었거나 변제기가 유예되었다고 보기 어려워 피의자가 어떠한 재물이나 재산상 이익을 취득하였다고 볼 수 없다는 판단으로 ○○○○. ○○. ○○.혐의 없음의 불기소처분을 하였습니다.

2. 법률의 적용 및 증거판단의 오류

(1) 고소인은 피고소인(이하 앞으로는 '피의자' 라고 하겠습니다)이 지급기일에 지급제시를 하여도 정상적으로 지급되지 않는 딱지어음이라는 사실을 알고 있음에도 그 사실을 숨기고 채무변제에 갈음하여 어음을 교부한 행위는 사기죄에 해당합니다.

(2) 반면 피의자는 고소인으로부터 빌린 ○,○○○만 원과 고소인의 아들 이○우에 대한 미지급 급여 ○○○만 원을 합친 ○,○○○만 원의 변제를 독촉 받고 고소 외 정○선으로부터 교부받은 약속어음 2장 중 1장을 변제에 갈음하여 고소인에게 지급하였으나 위 어음이 위·변조된 사실을 알지 못하였다고 편취범의를 부인하고 있습니다.

(3) 위 딱지어음을 구입하여 준 장○선은 피의자로부터 약속어음을 구해 달라는 부탁을 받아 신문광고를 보고 피의자가 준 금 400만 원을 성명불상자에게 건네고 약속어음 2장을 구입하여 피의자에게 주었다고 진술하고 있습니다.

(4) 이에 대하여 검사 ○○○은 피의자가 위 약속어음이 소위 딱지어음이라는 사실을 알고 있었다 하더라도 이미 변제기가 도래한 위 차용금 등의 변제명목으로 약속어음을 지급하였으므로 어음의 교부로 인하여 위 채무가 소멸되었거나 변제기가 유예되었다고 보기 어려워 피의자가 어떠한 재물이나 재산상 이익을 취득하였다고 볼 수 없다는 이유로 혐의 없음 처분을 하였습니다.

(5) 판례에 의하면 기존 채무의 변제 조로 약속어음 또는 당좌수표를 교부한 경우 당사자가 기존채무를 소멸시키기로 하는 특약을 하지 않는한 위 교부만에 의해서는 기존채무가 소멸하지 않고 위 약속어음 또는 당좌수표가 결제되었을 때 비로소 기존채무가 소멸한다고 할 것입니다(대법원 1998. 12. 9. 선고 98도3282 판결 참조).

다만 위 약속어음 또는 당좌수표를 수수함에 의하여 채무자는 그 지급기일까지 채무이행을 연기받았다고 할 것이고 채무이행을 연기 받는 것도 재산상의 이익이므로(대법원 1997. 7. 25. 선고 97도1095 판결 참조) 채무이행을 연기 받은 사기죄는 성립할 수 있습니다.

대법원이 2005. 9. 15. 선고한 2005도5215 사건에서 채무자가 채권자에게 딱지어음을 제공하여 채무의 변제기를 늦춘 사안에서 사기죄가 성립되지 않는다고 한 원심판결을 파기하고 채무이행을 연기 받을 목적으로 어음을 발행 교부한 경우 사기죄가 성립된다고 판단한 것은 위와 같은 맥락에서 내려진 판결이라고 할 수 있습니다.

(6) 그렇다면 피의자가 ○○○○. ○○. ○○. 고소인에게 기존 금전채무의 변제 조로 딱지어음인 이 사건 약속어음을 교부하여 동 약속어음 지급일인 ○○○○. ○○. ○○.까지 무려 5개월 이상 채무이행을 연기 받게 된 이익도 채무이행을 연기 받은 것에 관한 사기죄를 구성한다고 보아야 할 것입니다.

(7) 소결론

따라서 검사 ○○○의 처분은 법률의 적용 및 증거판단에 있어서 불기소처분의 결정에 영향을 미친 잘못이 있습니다.

3. 결론

그러므로 검사 ○○○의 불기소처분은 법률의 적용 및 증거판단에 오류가 명백하므로 고소인은 부득이 이 사건 항고에 이르게 되었으니 재기수사의 명을 내려주시기 바랍니다.

소명자료 및 첨부서류

1. 증 제1호증   불기소처분 이유서

○○○○ 년 ○○ 월 ○○ 일

위 고소인(항고인) : ○   ○   ○   (인)

부산 고등검찰청 검사장 귀중

항   고   장

사 건 번 호 : ○○○○형 제○○○○호 사기 등

고 소 인(항 고 인) :   ○   ○   ○

피고소인(피항고인) :   ○   ○   ○

○○○○ 년 ○○ 월 ○○ 일

위 고소인(항고인) : ○   ○   ○   (인)

대전 고등검찰청 검사장 귀중

항 고 장

1. 고 소 인 (항 고 인)

성 명	○ ○ ○	주민등록번호	생략
주 소	충청북도 영동군 ○○읍 ○○로 ○○, ○○○호		
직 업	상업	사무실 주 소	생략
전 화	(휴대폰) 010 - 2113 - 0000		
사건번호	청주지방검찰청 영동지청 ○○○○형 제○○○○호 사기 등 사건의 고소인 겸 항고인		

2. 피고소인 (피항고인)

성 명	○ ○ ○	주민등록번호	생략
주 소	생략		
직 업	무지	사무실 주 소	생략
전 화	(휴대폰) 010 - 2239 - 0000		
사건번호	청주지방검찰청 영동지청 ○○○○형 제○○○○호 사기 등 사건의 피고소인 겸 피항고인		

항고취지

위 피고소인(피항고인) ○○○에 대한 청주지방검찰청 영동지청 ○○○○년 형제○○○○호 사기 등 고소사건에 관하여 청주지방검찰청 영동지청 검사 ○○○은 ○○○○. ○○. ○○.피고소인(피항고인) ○○○에게 증거 불충분하여 혐의 없다는 이유로 불기소처분을 하였는바, 이는 항고이유와 같이 부당하므로 아래와 같이 항고합니다.

항고이유

1. 고소사실 및 불기소 이유

(1) 고소사실

○ 충청북도 영동군 영동읍 ○○로 ○○○, 소재 "○○창호공사"의 등록사업자인 피고소인은 ○○○○. ○○. ○○.망인으로부터 금 ○,○○○만 원의 차용증을 교부받은 것을 기화로,

1. 행사할 목적으로, 같은 달 ○○.경 위 차용증을 복사하여 "○○○○. ○○. ○○."로 된 차용일 및 작성일의 일자 부분에 각 "○"를 가필, 이를 "○○○○. ○○. ○○."로 고쳐 권리의무에 관한 사문서인 망인 명의 차용증 1매를 변조하고,

2. ○○○○. ○○. ○○.청주지방법원 영동지원 미망인 윤○의 전국 화물운수사업조합연합회에 대한 교통사고 손해배상 채권 중 금 ○,○○○만 원의 가압류신청을 하면서 법원에 위와 같이 변조된 차용증을 제출하여 이를 행사하고,

3. 위의 가압류결정에 대한 제소명령에 따라 ○○○○. ○○. ○

○. 위 지원에 위 윤○를 상대로 대여금청구소송을 제기하고 위와 같이 변조된 차용증을 제출하여 위 손해배상채권 중 일부금 ○,○○○만 원 상당을 편취하려 하였으나 미수에 그친 것입니다.

(2) 불기소 이유

○ 검사 ○○○은 고소사실 중 사문서변조 및 동행사 부분을 당초 고소장에 첨부된 차용일 ○○○○. ○○. ○○. 작성일 같은 달 ○○.로 된 차용증의 변조 및 동행사로 그 피의사실을 확정하고 다음과 같은 이유로 불기소처분을 하였습니다.

○ 고소인이 고소 외 ◎◎◎로부터 입수하였다며 고소장에 첨부한 변조된 차용증은 차용일 ○○○○. ○○. ○○.작성일 같은 달 ○○.로 되어 있다. 그런데, 피의자는 망인이 먼저 회사에 대한 채권서류로 차용일 및 작성일 모두 같은 달 ○.로 된 차용증을 작성한 다음 이를 복사하여 피의자 개인에 대한 채권서류로 그 차용일 및 작성일을 같은 달 ○.로 고쳐 교부하므로, 그 차용증을 미망인 윤○○를 상대방으로 한 채권가압류신청 및 대여금청구소송의 소명자료 및 서증으로 제출하였을 뿐, 고소장에 첨부된 차용증은 본 적도 없고 이를 위 ◎◎◎에게 건네준 사실도 없다고 변명하고 있다.

○ 고소인이 고소장에 첨부한 차용증과 피의자가 망인에게서 교부받았다는 차용증의 기재 내용이 일치하지 아니하므로, ◎◎◎의 진술을 들어야만 사안의 진상을 규명할 수 있는데 현재 소재불명이므로 참고인중지의 불기소처분을 함이 상당하다는데 있습니다.

2. 수사 소홀과 자의적인 판단

(1) 피의자는 "○○창호공사"을 경영하면서 망인에게 ○차례에 걸쳐 도합 금 ○,○○○만 원을 대여하였다고 주장하여 미망인 윤○○를 상대로 채권가압류신청에 이어 대여금청구소송을 제기하였습니다.

그러나 사업주인 고소 외 유○○(피의자의 오빠)이 실질적인 채권자이고 피의자는 사원에 불과하다는 이유로 패소하였습니다. 위 신청사건의 신청이유 및 소송사건의 청구원인으로 주장한 대여금 채권은 ① ○○○○. ○○. ○○.자 금 ○○만 원, ② 같은 해 ○○. ○○.자 금 ○○만 원, ③ 같은 달 ○○.자 금 ○○○만 원, ④ 같은 달 ○○.자 금 ○○만 원, ⑤ 같은 해 ○○. ○○.자 금 ○○○만 원, ⑥ 같은 달 ○○.자 금 ○,○○○만 원, ⑦ 같은 달 ○○.자 금 ○,○○○만 원입니다.

(2) 고소인은 피의자가 위 (1)의 ⑥ ○○○○. ○○. ○○.자 대여금 ○,○○○만 원에 대한 차용증을 복사, 변조하고 이를 위 (1)의 ⑦ 같은 달 ○○.자 대여금 ○,○○○만 원의 채권서류로 행사하였다고 고소하면서, ◎◎◎로부터 입수한 차용증을 첨부하였습니다.

그 차용증은 작성일이 같은 달 ○○.인 반면 차용일은 같은 달 ○.로 되어 있고, 고소장에 첨부된 채권가압류신청서의 신청이유에 적힌 (1)의 ⑦ 같은 달 ○○.자 대여금 ○,○○○만 원에 대하여 실제 피의자는 그 작성일과 차용일 모두 같은 달 ○○.로 된 차용증을 제출하였습니다.(대여금청구소송 또한 같습니다).

(3) 이에 고소인은 ○○○○. ○○. ○○.그 작성일과 차용일 모두 ○○.로 된 차용증은 피의자가 변조하여 행사한 것이라며 그 주장하고 있고, 피의자 또한 같은 달 ○○. 검찰에서 법원에 제출한 것은 망인 스스로 작성한 차용증을 복사한 다음, 차용일 및 작성일을 ○○○○. ○

○. ○○.로 고친 차용증이며 고소장에 첨부된 차용증은 본 적도 없고, 이를 ◎◎◎에게 건네준 사실도 없다고 진술하였습니다.

(4) 채권가압류신청서의 신청이유 등을 대조하면 그 신청사건에 제출, 행사되었다고 고소인이 주장하는 변조된 차용증은 ◎◎◎로부터 입수한 차용증이 아니라 차용일 및 작성일이 ○○○○. ○○. ○○.로 된 차용증임을 알 수 있습니다.

(5) 피의자의 진술은 아래와 같은 이유로 선뜻 받아들이기 어려운 점이 있습니다.

○ 피의자는 위 (1)의 ⑦ ○○○○. ○○. ○○.자 차용증이 "○○창호공사"의 채권이 아니라 피의자 개인에 대한 채권서류로 작성된 것이라고 변명하지만 위 신청사건 및 소송사건에서는 이를 "○○창호공사" 채권으로 주장하고 있습니다.

○ 피의자과 유○○ 양인의 부탁으로 고소 외 김○○은 제3자 명의의 약속어음을 할인해 주었는데 그 어음이 결제되지 아니하자 고소인이 사기죄로 고소한 사건에서, 피의자는 피의자로 조사 받을 때에, "○○창호공사"의 할인금 상환 능력을 밝히고자, 망인에 대한 미회수 차용금 내역서와 함께 차용증 2매 및 영수증 7매를 제출한 관계로 위 차용증의 원본은 없다고 진술하였습니다.

○ 그러나 위 차용증이 피의자 개인에 대한 채권증서로 작성된 것이라면 굳이 함께 제출할 필요가 없고, 수사기록에도 피의자가 제출한 차용금 내역서에 ○○○○. ○○. ○○.자 채권은 기재되어 있지 아니한 데다가 원본대조필 고무인이 찍힌 사본은 같은 달 ○.자 차용증1매 및 ○○. ○○.부터 ○○. ○○.까지 작성된 영수증 ○매 뿐으로서, 같은 달 ○○.자 차용증과 영수증은 빠져

있는 것을 알 수 있으므로, 원본을 소지하지 못하게 된 피의자의
위 진술은 수긍이 되지 않는 대목입니다.

○ 나아가서 차용증의 작성경위에 대해서도, 피의자는 차용증을 먼
저 받고 나서 망인에게 영수증도 한 장 써 달라고 하여 영수증을
받은 것이라고 진술하고 있습니다.

그런데, 경리사원인 고소 외 백○○은 망인이 영수증만 작성해
준 다음 차용증의 작성은 꺼려하므로 피의자와 말다툼 끝에 차용
증을 작성하게 된 것이라고 진술하다가, 그날 작성된 차용증은 1
매 뿐이라고 진술을 바꾸었습니다. 이와 같이 그 진술이 서로 모
순되는데도, 이를 규명하는 조사를 한 바가 없습니다.

(6) 그럼에도 불구하고 검사 ○○○은 피의사실을 ◎◎◎로부터 입수한
차용증의 변조 및 동행사 등으로 확정한 나머지, 사건의 핵심과는 관
련이 없는 그의 소재불명을 이유로 참고인중지의 불기소처분을 한 것
은 수사 소홀과 고소사실을 제대로 이해하지 못한 수사미진의 위법이
있으므로 이는 결과적으로 자의적인 검찰권의 행사라는 비난을 받을
수밖에 없습니다.

3. 결론

그러므로 검사 ○○○의 불기소처분은 수사 소홀과 고소사실을 제대로
이해하지 못한 수사미진의 위법이 있고, 이는 결과적으로 자의적인 검찰
권의 행사이므로 고소인은 부득이 이 사건 항고에 이르게 되었으니 재기
수사의 명을 내려주시기 바랍니다.

소명자료 및 첨부서류

1. 증 제1호증   불기소처분 이유서

〇〇〇〇 년 〇〇 월 〇〇 일

위 고소인(항고인) : 〇   〇   〇   (인)

대전 고등검찰청 검사장 귀중

제3장
재정신청의 의의

제3장/

재정신청의 의의 -

형사소송법 제260조 이하 검사의 불기소처분에 불복하는 고소인 또는 고발인이 법원에 공소제기의 여부를 재판으로 결정해 줄 것을 신청하는 제도를 말합니다.

법원의 공소제기 결정이 있으면 불기소처분을 한 검사 이외의 검사는 공소제기를 하여야 하고 제기된 공소에 대해서는 공소취소를 할 수 없기 때문에 기소강제주의라고도 부릅니다.

검사에게 보장된 기소독점주의의 또는 기소편의주의에 의한 폐해방지와 소추권행사의 공정성을 확보하려는 취지입니다.

제1절 /

신청권자 -

　　재정신청의 신청권자는 검사로부터 공소를 제기하지 아니한다는 통지를 받은 ① 고소인 또는 ② 형법 제123조부터 제126조까지의 죄에 대한 고발인 입니다.

　　다만 형법 제126조의 피의사실공표죄에 대하여는 피공표자의 명시한 의사에 반하여 고발인이 재정신청을 할 수는 없습니다.(형사소송법 제260조 제1항)

　　형법 제123조부터 제126조까지의 죄 이외의 죄에 대한 고발인은 신청권자가 아니므로 검찰항고 이후에 재항고를 할 수 있을 뿐입니다.

　　고소 또는 고발을 취소한 자도 재정신청을 신청할 수 없으며, 피의자도 재정신청을 할 수 없습니다. 재정신청권자는 대리인에 의하여 재정신청을 할 수 있습니다(형사소송법 제264조 제1항)

제2절 /

신청의 대상 –

재정신청의 신청대상은 검사의 불기소처분입니다.

기소유예 처분도 불기소처분이므로 당연히 재정신청을 할 수 있으며(대법원 1988. 1. 29.자 86모58 결정), 기소중지와 참고인중지 처분에 대하여는 종국처분이 아닌 수사중지처분에 불과하다는 이유로 재정신청이 허용되지 않는다는 견해가 있으나 기소중지와 참고인중지가 중간처분이라고 하여도 형사소송법 제260조 제1항에서 '공소를 제기하지 아니하는 통지를 받은 때'라고 규정하여 이를 불기소처분의 통지로 본다면 기소중지 등도 이에 해당된다고 할 것이며, 검찰항고의 대상과 동일하게 취급하는 것이 적절하다는 점에서 재정신청이 허용된다고 할 것입니다.

진정사건에 대한 검사의 내사종결처리는 재정신청의 대상이 되지 않습니다. 재정신청제기기간이 경과된 후에는 재정신청의 대상을 추가할 수도 없습니다.

제3절 /

재정신청 기간과 방식 -

    재정신청을 하려는 자는 항고기각 결정을 통지받은 날로부터 10일 이내에 지방검찰청 검사장 또는 지청장에게 재정신청서를 제출하여야 합니다.

    다만 항고전치주의의 예외에 해당되어 항고절차를 거칠 필요가 없는 때에는 ① 항고 이후 재기수사가 이루어진 다음에 다시 공소를 제기하지 아니한다는 통지를 받은 경우 또는 항고 신청 후 항고에 대한 처분이 행하여지지 아니하고 3개월이 경과한 경우에는 그 사유가 발생한 날로부터 10일 이내에, ② 검사가 공소시효 만료일 30일 전까지 공소를 제기하지 아니하는 경우에는 공소시효 만료일 전날까지 위와 같이 재정신청서를 제출하여야 합니다(형사소송법 제260조 제3항).

    위와 같은 신청기간은 불변기간이므로 연장이 허용되지 아니합니다.

    재정신청서에는 재정신청의 대상이 되는 사건의 범죄사실 및 증거 등 재정신청을 이유 있게 하는 사유를 기재하여야 합니다(형사소송법 제260조 제4항). 이와 같이 재정신청서에 재정신청의 근거를 명시하게 함으로써 법원으로 하여금 재정신청의 범위를 신속하게 확정하고 재정신청에 대한 결정을 신속하게 내릴 수 있도록 하며, 재정신청의 남발을 방지하려는 취지와 재정신청으로 인하여 이미 검사의 불기소처분을 받은 피고소인 또는 피고발인의 지위가 계속 불안정하게 되는 불이익을 고려한 것이기에 재정신청서에 위와 같은 사유를 기재하지 아니한 때에는 재정신청을 기각할 수 있습니다.

    재정신청사건의 관할법원은 불기소처분을 한 검사 소속의 지방검찰청 소재지를 관할하는 고등법원입니다(형사소송법 제260조 제1항)

제4절 /

항고전치주의 –

재정신청을 하려면 검찰청법 제10조에 따른 항고를 거쳐야 하는 것이 원칙입니다.(형사소송법 제260조 제2항)

항고전치주의를 통해 신청권자에게 재정신청 전에 신속한 권리구제의 기회를 제공하는 한편 검사에게도 자체시정의 기회를 갖도록 한 것입니다.

이에 따라 항고 이후 재정신청을 할 수 있는 신청권자는 별도로 재항고를 할 수 없습니다.(검찰청법 제10조 제3항)

다만, ① 항고 이후 재기수사가 이루어진 다음에 다시 공소를 제기하지 아니한다는 통지를 받은 경우, ② 항고 신청 후 항고에 대한 처분이 행하여지지 아니하고 3개월이 경과한 경우, ③ 검사가 공소시효 만료일 30일 전까지 공소를 제기하지 아니하는 경우의 어느 하나에 해당하는 때에는 예외적으로 항고를 거치지 않고 바로 재정신청을 할 수 있습니다.(형사소송법 제260조 제2항 단서 참조)

제5절 /

재정신청의 효력과 취소 -

고소인 또는 고발인이 수인인 경우에 공동신청권자 중 1인의 재정신청은 그 전원을 위하여 효력을 발생합니다.(형사소송법 제264조 제1항).

그리고 재정신청이 있으면 재정결정이 있을 때까지 공소시효의 진행이 정지됩니다.(형사소송법 제262조의4 제1항)

재정신청은 고등법원의 재정결정이 있을 때까지 취소할 수 있습니다.

재정신청을 취소한 자는 다시 재정신청을 할 수 없습니다.(형사소송법 제264조 제2항).

재정신청과 달리 재정신청의 취소는 다른 공동신청권자에게 효력이 미치지 않습니다.(형사소송법 제260조 제3항).

재정신청의 취소는 관할 고등법원에 서면으로 하여야 합니다.

다만, 기록이 관할 고등법원에 송부되기 전에는 그 기록이 있는 지방검찰청 검사장 또는 지청장에게 하여야 합니다.

제6절 /

지방검찰청 검사장·지청장의 처리 –

재정신청서를 제출받은 지방검찰청 검사장 또는 지청장은 재정신청서를 제출받은 날부터 7일 이내에 재정신청서·의견서·수사 관계서류 및 증거물을 관할 고등검찰청을 경유하여 관할 고등법원에 송부하여야 합니다.

다만, 예외적으로 항고전치주의가 적용되지 않는 경우에는 지방검찰청 검사장 또는 지청장은 ① 재정신청이 이유 있는 것으로 인정하는 때에는 즉시 공소를 제기하고, 그 취지를 관할 고등법원과 재정신청인에게 통지하고, ② 재정신청이 이유 없는 것으로 인정하는 때에는 30일 이내에 관할 고등법원에 송부하여야 합니다. (형사소송법 제261조 참조)

제7절 /

고등법원의 심리와 결정 -

가, 심리절차의 구조

재정신청 이유의 유무를 심사하는 절차인 고등법원의 심리절차에 대한 법적성격 내지 구조에 대해 여러 논의가 있어왔지만 심리절차는 공소제기 전의 절차로 수사와 유사한 성격을 가지기는 하지만 재정신청사건에 대한 심판절차는 형사소송법이 규정하고 있는 심리절차이며 재판절차입니다.

나, 재정신청사건의 심리

(1) 재정신청의 통지

법원은 재정신청서를 송부 받은 때에는 송부 받은 날로부터 10일 이내에 피의자에게 그 사실을 통지하여야 합니다.(형사소송법 제262조 제1항). 또한 재정신청서를 송부 받은 날로부터 10일 이내에 피의자 이외에 재정신청인에게도 그 사유를 통지하여야 합니다.

(2) 심리기간과 방식

법원은 재정신청서를 송부받은 날로부터 3개월 이내에 재정결정을 하여야 합니다.(형사소송법 제262조 제2항). 이와 같은 심리기간은 법원에 충실한 심리를 가능하도록 하는 동시에 피의자가 장기간 불안정한 지위에 놓여 있다는 점을 고려한 것으로 일반적으로 그 기간을 경과한 후에 재정결정을 하여도 위법한 것은 아니지만 원칙적으로 준수하여야 할 것입니다.

재정신청사건의 심리는 항고의 절차에 준하므로(형사소송법 제262조 제2항) 구두변론에 의하지 않고 절차를 진행할 수 있으며, 필요한 경우에는 사실조사를 할 수도 있습니다.(형사소송법 제37조 제2항, 제3항). 그리고 특별한 사정이 없는 한 심리는 공개하지 아니합니다.(형사소송법 제262조 제3항).

심리를 비공개로 한 것은 피의자의 사생활 침해, 수사의 비밀저해 및 민사사건에 악용하기 위한 재정신청의 남발 등을 막기 위한 것입니다.

법원은 필요한 때에는 증거조사를 할 수 있으므로(형사소송법 제262조 제2항) 피의자신문, 참고인에 대한 증인신문, 검증, 감정 등을 할 수 있습니다.

증거조사의 방법은 공판절차가 아니므로 법원이 필요하다고 인정하면 법정에서 심리하지 않아도 무방하며 서면심리로도 가능합니다.

다. 재정결정

(1) 기각결정

재정신청이 법률상의 방식에 위배되거나 이유 없는 때에는 재정신청을 기각합니다.(형사소송법 제262조 제2항 제1호).

재정신청이 법률상의 방식에 위배된 때란 ① 신청권자가 아닌 자가 재정신청을 한 경우, ② 신청기간이 경과한 후에 재정신청을 한 경우, ③ 검찰항고를 거치지 아니하고 재정신청을 한 경우, ④ 재정신청서에 범죄사실과 증거 등 재정신청을 이유 있게 하는 사유를 기재하지 않은 경우(대법원 2002.2.23.자 2000모216 결정) 등입니다.

재정신청서를 직접 고등법원에 제출한 경우에는 신청방식이 법률에 위배된 때에 해당되긴 하지만 그 신청을 기각할 것이 아니라 재정신청서를 관할 지방검찰청 검사장 또는 지청장에게 송부하여야 할 것입니다.

그리고 재정신청이 이유 없는 때란 검사의 불기소처분이 정당한 것으로 인정된 경우입니다. 재정신청의 이유 유무는 불기소처분 시가 아니라 재정결정 시를 기준으로 하므로 불기소처분 후에 새로 발견된 증거를 판단의 자료로 삼을 수 있습니다. 검사의 혐의 없음 처분에 대한 재정신청사건을 심리한 결과 범죄의 객관적 혐의는 인정되나 기소유예 처분을 할 만한 사건이라고 인정되는 경우에도 재정신청을 기각할 수 있으며, 검사의 불기소처분 당시에 공소시효가 완성되어 공소권이 없는 경우에도 불기소처분에 대한 재정신청은 허용되지 않습니다.

법원은 재정신청 기각결정을 한 때에는 즉시 그 정본을 재정신청인 과 피의자와 관할 지방검찰청 검사장 또는 지청장에게 송부하여야 합니다.

재정신청이 기각된 이상 그 기각된 사건내용과 동일한 사실로서는 소추할 수 없습니다.

(2) 공소제기 결정

재정신청이 이유 있는 때에는 사건에 대한 공소제기를 결정합니다.(형사소송법 제262조 제2항 2호).

공소제기를 결정하는 때에는 죄명과 공소사실이 특정될 수 있도록 이유를 명시하여야 하고, 즉시 그 정본을 사건기록과 함께 재정신청인과 피의자와 관할 지방검찰청 검사장 또는 지청장에게 송부하여야 합니다. (형사소송법 제262조 제5항 전문). 공소제기결정이 있는 때에는 공소시효에 관하여 그 결정이 있는 날에 공소가 제기된 것으로 봅니다. 공소제기결정에 따라 이후에 실제 검사가 공소를 제기한 시점과 관계없이 법원이 공소제기결정을 한 날로부터 공소시효의 진행이 정지되는 것입니다.

(3) 재정결정에 대한 불복

재정결정에 대하여는 원칙적으로 불복할 수 없습니다.(형사소송법 제262조 제4항). 이에 따라 법원의 공소제기결정에 불복할 수 없으므로 공소제기결정에 잘못이 있는 경우라도 이러한 잘못은 본안사건에서 공소사실 자체에 대하여 무죄, 면소, 공소기각 등을 할 사유에 해당하는지를 살펴 무죄 등의 판결을 함으로써 그 잘못을 바로잡을 수 있는 것이므로 그러나 재정신청 기각결정에 대해서는 헌법재판소에서 형사소송법 제262조 제4항에서 규정하고 있는 재정신청 기각결정에 대한 '불복'에 형사소송법 제415조의 '재항고'가 포함되는 것으로 해석하는 한 합리적인 입법재량의 범위를 벗어나 재정신청인의 재판청구권과 평등권을 침해하는 것으로 헌법에 위반된다고 결정하였습니다.

이에 따라 재정신청 기각결정에 대해서는 예외적으로 재판에 영향을 미친 헌법·법률·명령 또는 규칙의 위반이 있음을 이유로 하는 때에 한하여 대법원의 최종적 심사를 받기 위하여 재항고를 할 수 있습니다.

(4) 비용부담

법원은 재정신청 기각결정을 하거나 재정신청의 취소가 있는 경우에는 결정으로 재정신청인에게 신청절차에 의하여 생긴 비용의 전부 또는 일부를 부담하게 할 수 있습니다.(형사소송법 제262조의3 제1항).

또한 법원은 직권 또는 피의자의 신청에 따라 재정신청인에게 피의자가 재정신청절차에서 부담하였거나 부담할 변호인선임료 등 비용의 전부 또는 일부의 지급을 명할 수 있습니다.(형사소송법 제262조의3 제2항).

이는 재정신청의 대상을 모든 범죄로 확대하면서 재정신청이 남발되는 것을 방지하기 위하여 마련된 제도이지만 아직은 경고적 의미가 강하고 실효적으로 적용되고 있지는 않고 있습니다.

(5) 기소강제와 공소유지

고등법원의 공소제기결정에 따른 재정결정서를 송부 받은 관할 지방검찰청 검사장 또는 지청장은 지체 없이 불기소처분을 한 검사 이외의 다른 검사를 지정하고 지정받은 검사는 공소를 제기하여야 합니다.(형사소송법 제262조 제6항). 이와 같이 법원의 공소제기결정에 의해 공소제기가 의제되는 것이 아니라 검사에게 공소제기를 강제하게 되므로 검사는 공소제기를 위하여 관할 지방법원에 공소장을 제출하여야 하며 공소유지도 검사가 담당하게 됩니다.

공소를 제기한 검사는 통상의 공판절차에 따라 권한을 행사하므로 공소유지를 위하여 공소장변경을 할 수도 있고 상소를 제기할 수도 있습니다. 다만 공소제기결정의 취지에 따라 검사는 공소를 유지할 권한만을 가지고 있다고 할 것이므로 공소를 취소할 수는 없습니다.(형사소송법 제262조의4 참조)

제4장
재정신청서 사례

재 정 신 청 서

사   건 : ○○○○고불항 제○○○○호 사기 등

재 정 신 청 인(고소인) : ○   ○   ○

피재정신청인(피고소인) : ○   ○   ○

광주 고등법원 귀중

재 정 신 청 서

재 정 신청인	① 성 명	○ ○ ○	② 주민등록번호	생략
	③ 주 소	광주시 ○○구 ○○로 ○○. 고층주공아파트 ○○동 ○○○○호 (휴대전화 010 - 1234 - 0000)		
피재정 신청인	④ 성 명	○ ○ ○	⑤ 주민등록번호	생략
	⑥ 주 소	광주시 광산구 ○○로 ○○. ○○○아파트 ○○○동 ○○○호 (휴대전화 010 - 9921 - 0000)		
⑦ 사 건 번 호		광주지방검찰청 ○○○○년 형제○○○○호 사기 광주고등검찰청 ○○○○고불항 제○○○○호		
⑧ 죄 명		사기 등		
⑨ 처 분 일 자		○○○○. ○○. ○○.		

위 고소사건에 대한 광주지방검찰청 ○○○○년 형제○○○○호 사기등 피의사건에 대하여 ○○○○. ○○. ○○. 불기소처분 결정이 있었고, 재정신청인 ○○○(이하 앞으로는 "고소인" 이라고 줄여 쓰겠습니다)은 이에 대해 광주고등검찰청 ○○○○고불항 제○○○○호로 항고하였으나 ○○○○. ○○. ○○.항고기각결정이 있었습니다.

따라서 고소인은 위 항고기각 결정에 대한 통지를 ○○○○. ○○. ○○. 수령하였으므로 형사소송법 제260조에 따라 다음과 같은 이유로 재정신청서를 제출합니다.

신청취지

1. 피의자에 대한 광주지방검찰청 ○○○○년 형제○○○○호 사기죄 사건
   에 대한 공소제기결정을 한다.

라는 재판을 구합니다.

신청이유

광주지방검찰청 검사 ○○○는 이 사건 범죄사실에 대하여 혐의 없음을 이
유로 피의자 ○○○에게 불기소처분을 하였습니다.

이하 그 당부를 살펴보겠습니다.

1. 사기죄

　가, 범죄사실의 요지

　　(1) 피의자는 신청 외 ○○○(이하 "이○○" 이라고만 하겠습니다)
　　　　와는 부부사이가 아닙니다.

　　(2) 이○○은 형사소송 중에 있었기 때문에 형사합의금이 절실히 필
　　　　요했습니다.

　　(3) 피의자는 이○○의 형사합의금을 마련하기 위해 고소인에게 스스
　　　　로 이○○의 처라고 행세하면서 접근하였고 하물며 고소인 소유
　　　　의 전라남도 순천시 ○○로 ○○○, 지층 제 비○○호 건평 약
　　　　○○○평을 담보로 이용하려고 이○○과 총 매매대금 ○○○,○
　　　　○○,○○○원으로 하는 매매계약을 체결한 상태에서 고소인에게
　　　　이○○이 ○○○○사업을 하고 있는데 마무리공사 자금이 부족하

다며 고소인이 위 부동산에 대한 근저당권설정에 관한서류를 해
주면 ○○○○사업에서 공사대금을 받으면 매매잔대금 ○억 원을
지급하겠다고 고소인을 믿게 하기 위해서 피의자는 고소인에게
위 매매대금에 대한 연대보증까지 서고 고소인으로부터 근저당권
설정서류를 교부받아 실제 이○○의 형사피해자에게 형사합의금
명목으로 근저당권을 설정해줌으로써 고소인을 기망하였습니다.

2. 강제집행면탈죄

가, 범죄사실의 요지

(1) 고소인은 이○○과 이 사건 부동산을 금 ○○○,○○○,○○○원
에 매매계약을 체결하고 위 부동산에 설정된 은행대출금 ○○○,
○○○,○○○원은 승계하기로 하였으며 계약금 ○,○○○만 원
은 ○○○○. ○○. ○○.에 지급하고, 중도금 ○억 원은 ○○○
○. ○○. ○○.에 잔금 ○○○,○○○,○○○원은 ○○○○. ○
○. ○○.에 각 지급하기로 하였습니다.

(2) 이○○은 매매대금을 지급하지 않은 상태에서 자신이 ○○○○사
업에 공사자금이 부족하여 마무리를 못하고 있다며 고소인에게
근저당권설정서류를 주면 공사대금을 받아 바로 매매대금을 지급
하겠다고 하여 거절하였습니다.

(3) 그 후 이○○은 자신의 처 피의자는 전라남도 나주시 ○○면 ○○
로 ○○,에 부동산을 소유하고 있기 때문에 충분한 능력이 된다
며 연대보증을 세우겠다며 피의자에 대한 인감도장과 임감증명서
를 고소인에게 가지고 왔습니다.

고소인은 의례적이기도 하고 이○○을 믿을 수가 없어서 아무리

부부사이라 하더라도 매매대금지급을 연대보증을 하는 사람인데 직접 피의자를 고소인에게 대면시키고 확인해 달라고 하였습니다.

(4) 이○○이 피의자를 데리고 고소인에게 찾아와서 고소인이 피의자에게 위 부동산에 대한 매매대금의 잔액이 ○○○,○○○,○○○원이 남아 있다는 사실, 매매대금을 이○○이 변제하지 않을 경우 피의자가 모두 책임져야 한다는 사실을 구체적으로 알려주자 피의자는 자신의 남편인 이○○이 매매대금을 지급하지 못하면 전라남도 나주시 ○○면 ○○로 ○○,에 부동산을 소유하고 있다며 이 집을 팔아서라도 지급하겠다고 장담하여 매매계약의 연대보증인으로 피의자를 기재하고 인감도장을 찍고 인감증명서를 교부받으면서 본인여부를 확인하기 위하여 피의자의 주민등록초본도 교부받아 연대보증서에 첨부하고 고소인은 피의자에게 신분증까지 달라고 해서 신분증도 복사해 연대보증서에 첨부한 후 피의자가 요구하는 위 부동산에 대한 근저당권설정서류를 이○○에게 교부하였던 것입니다.

(5) 고소인이 이○○에게 매매대금을 지급받지 못한 상태에서 근저당권설정서류를 교부하게 된 것은 피의자가 스스로 고소인에게 교부한 연대 보증서를 믿었고 설마 마누라를 볼모로 잡는 인간은 없겠다는 생각에서 또 피의자는 전라남도 나주시 ○○면 ○○로 ○○,에 부동산을 소유하고 있다고 해서 이를 믿고 근저당권설정서류를 넘겨준 것입니다.

(6) 그 후 매매대금을 이행하지 않아 고소인이 피의자에게 매매대금을 지급하지 않으면 가차 없이 법적조치를 취하겠다는 내용증명을 발송하고 스크린 샷 문자메시지까지 보내자 피의자는 고소인에 대한 위 연대보증채무를 면탈할 목적으로 자신이 살던 전라남도

나주시 ○○면 ○○로 ○○,의 주택을 신청 외 ○○○에게 매매하여 강제집행을 면탈하였습니다.

3. 불기소처분의 이유

광주지방검찰청 검사 ○○○의 불기소처분 이유에 의하면

○ 피의자는

가, 범죄사실 사기에 대하여,

(1) 고소인은 참고인 이○○이 피의자와 부부라고 기망하고, 피의자 명의로 된 "부동산 매매계약에 대한 연대보증"과 피의자가 직접 발행한 인감증명서를 건네주며 피의자가 연대보증 하겠다고 속이고 실제 부동산매매대금을 건네주지 않고, 오히려 건 외 ○○○에게 채권최고액 ○○○,○○○,○○○원 상당을 담보를 설정하였다는 주장이다.

(2) 피의자는 이○○과 부부관계가 아니고, 이○○이 고소인의 부동산을 피의자 명의로 매수하겠다는 것에만 동의해 피의자 인감도장과 임감증명서를 건네준 것이지 이○○이 이를 악용해 부동산계약에 대한 연대보증한 줄 전혀 몰랐고 고소인과 대질조사 중 연대 보증서를 처음 본다며 혐의 일체를 부인한다.

(3) 본 건은 이○○과 고소인 사이의 문제로 피의자가 직접 고소인을 기망하였다고 보기 어렵고 달리 범죄혐의 인정할 만한 증거가 현저히 부족하다고 판단하였고,

나, 범죄사실 강제집행면탈에 대하여,

(1) 피의자는 고소인으로부터 내용증명을 발송 받은 후, 피의자 소유의 부동산을 건외 ○○○에게 매매한 점 인정된다.

(2) 고소인은 피의자가 내용증명을 포함한 문자메시지를 발송 받고 강제집행 당할 것을 면탈하고자 피의자의 부동산을 허위로 양도하였다는 주장이다.

(3) 피의자는 개인 채무를 변제하고자 피의자 소유의 부동산을 매매해 그 매매대금을 채무 변제에 사용한 것이지 고소인의 강제집행을 면할 목적이 아니었다며 혐의 일체 부인한다.

(4) 전라남도 나주시 ○○면 ○○로 ○○,부동산매매계약서, 피의자 명의 계좌거래내역서, 대출원금상환서, 무통장 입금 증, 매수인 ○○○와 공인중개사 문○○의 전화 진술, 채권자 최○○, 김○○, 이○○, 전화 진술 및 박○○의 전화 진술 등으로 보아 피의자 진술에 부합하고,

(5) 피의자가 고소인의 강제집행을 면하고자 부동산을 허위 양도한 것이라 보기 어려우며, 채권자인 고소인을 해하였다고 보기 어렵다.

(6) 달리 피의자의 범죄혐의를 인정할 만한 증거가 부족하여 각 혐의 없음의 불기소처분을 한다는데 있습니다.

4. 수사미진과 사실오인(증거관계)

가, 사용목적을 등을 속인 부분

(1) 검사 ○○○는 피의자가 이○○이 고소인의 부동산을 피의자 명의로 매수하겠다는 것에만 동의해 피의자 인감도장과 임감증명서를 건네준 것이지 이○○이 이를 악용해 부동산계약에 대한 연대보증한 줄 전혀 몰랐고 고소인과 대질조사 중 연대 보증서를 처음 본다며 혐의 일체를 부인하고 본건은 이○○과 고소인 사이의 문제로 피의자가 직접 고소인을 기망하였다고 보기 어렵고 달리 범죄혐의 인정할 만한 증거가 현저히 부족하다는 판단으로 고소인의 위 주장을 배척하고 이를 혐의 없음 처분의 이유 중 하나로 적시하였습니다.

(2) 그러나 검사 ○○○의 위와 같은 결론은 그 혐의 없음의 이유가 비논리적이고 불분명하여 수긍할 수 없는 것으로 이는 수사미진과 채증법칙을 위배한데서 비롯된 오인판단입니다.

(3) 고소인이 피의자로부터 연대 보증서를 직접 교부(연대 보증서, 인감증명서, 주민등록초본, 피의자의 신분증복사본)받고 피의자의 요구에 의하여 근저당권설정서류를 이○○에게 교부하게 된 것은 이○○이 ○○○○사업에 자금이 부족하여 공사자금으로 사용하겠다고 해서 근저당권설정서류를 교부하였던 것인데 피의자는 고소인을 속이고 근저당권설정서류를 교부받아 이○○의 형사사건 피해자에게 합의금으로 근저당권을 설정해 주고 합의서를 받아 불구속된 사실만 보더라도 피의자는 근저당권설정서류를 ○○○○사업에 공사자금으로 사용하겠다고 고소인을 속인 것이고 처음부터 이○○의 합의금을 마련하기 위해 고소인을 기망한 것임을 능히 알 수 있습니다.

(4) 사정이 위와 같으므로 피의자는 이 사건 고소인 소유의 부동산을 취득의 목적으로 매매대금에 대한 연대보증을 한 것은 아닙니다.

○○○○사업에 공사자금을 끌어오기 위해 연대보증을 선 것도 아닙니다.

오로지 피의자는 고소인을 속여 이○○에 대한 형사합의금을 마련하기 위해 연대보증을 선 것입니다.

(5) 그럼에도 불구하고 검사 ○○○는 수사를 제대로 하지 아니하고 위에서 게시한 관련 증거도 제대로 살펴보지 아니한 채, 위와 같은 사실관계를 간과하고 엉뚱하게도 피의자가 인감도장과 임감증명서를 건네준 것인데 이○○이 이를 악용해 부동산계약에 대한 연대보증한 줄 전혀 몰랐고 연대 보증서는 처음 본다는 피의자의 거짓말만 믿고 고소인의 면전에서 직접 피의자가 교부한 연대 보증서와 인감증명서 신분증사본이 충분한 증거가 없다는 애매모호한 이유를 내세워 이를 혐의 없음을 이유로 삼으면서 고소인의 주장을 받아들이지 않았습니다.

(6) 타의든 자의든 피의자가 연대보증서에 인감도장을 찍고 고소인의 면전에서 신분증과 인감증명서와 주민등록초본을 고소인에게 직접 교부함으로서 고소인은 연대보증을 믿고 매매대금을 지급받지 않은 상태에서 근저당권설정서류를 이○○에게 교부하게 한 점을 미처 생각하지 못하고 이에 대한 수사를 게을리 한 것입니다.

(7) 결국 검사 ○○○는 이 사건 고소인 소유의 부동산에 대하여 매매대금을 지급받지 못한 상태에서 고소인이 근저당권설정서류를 피의자로부터 연대 보증서를 받을 때 ○○○○사업에 공사자금으로 사용하겠다고 해서 교부한 것인데 이○○의 형사합의금으로 근저당권을 설정한 것으로 되어 있음에도 이 점에 관하여 전혀 수사나 고민도 하지 아니한 채, 결론을 도출한 잘못을 보여 주었습니다.

(8) 피의자가 고소인의 면전에서 연대 보증서를 읽고 확인한 다음 인감도장을 찍고 인감증명서와 주민등록초본과 신분증사본을 교부한 것인데 연대 보증서를 처음 본다는 피의자의 위와 같은 변명은 모두 허위임을 충분히 엿볼 수 있는 것입니다.

나. 강제집행면탈 한 부분

(1) 피의자는 고소인이 이○○에 대하여 가지는 매매대금에 대한 연대 보증을 하였기 때문에 고소인으로부터 강제집행을 당할 구체적인 위험이 있는 상태에서 고소인이 내용증명 또는 스크린 샷 문자메시지를 발송하고 변제를 독촉하자 연대 보증사고 발생시점과 매매시점의 차이가 불과 10일 만에 피의자가 살고 있는 전라남도 나주시 ○○면 ○○로 ○○,의 주택을 신청 외 ○○○에게 매매해버렸습니다.

(2) 결국 피의자는 자신이 거주하고 있는 주택을 고소인이 보증사고를 알리고 변제할 것을 독촉하자 10일 만에 긴급히 매매하여 다른 채권자들에게 변제한 것이라고 주장하고 있으나 이 사건에서의 주장이 완전히 모순되는 점, 검사 ○○○가 피의자와 채권자들을 상대로 금전거래내역 등을 조사한 것처럼 불기소이유에 기재되어 있으나 시기적으로 문제가 있었고 피의자가 주택을 처분하고 바로 이○○이 도주한 외국으로 피의자고 같이 잠적해버린 것으로 비추어 볼 때, 피의자가 이 사건 주택을 허위로 양도하였을 가능성이 매우 높은데 검사 ○○○은 진실을 파헤치지 않았습니다.

(3) 피의자의 진술에 의하면 매매하여 채무를 변제한 것이지 고소인에 대한 강제집행을 면탈할 의도는 없었다는 진술은 채무가 초과상태에서 심화될 위험 즉 급박한 사정이 있었다 하더라도 피의자는 적극재산보다 채무총액이 초과상태에서 피의자가 채무를 변제할

당시 사실상 유일한 재산이라 할 수 있는 이건 부동산을 매매하였으므로 강제집행면탈죄의 혐의로 대대적인 수사를 하였어야 하나 검사 ○○○는 피의자가 자신의 범행을 조작할 가능성을 배제할 수 없는 피의자의 주변사람들만 대상으로 하여 수사하고 혐의없음의 결론을 하고 말았습니다.

(4) 피의자는 스스로 고소인의 면전에서 연대 보증서에 인감도장을 찍고 인감증명서와 기타 관련 자료를 교부한 사정으로 보아 고소인에 대한 이 사건 매매대금의 연대 보증사실을 충분히 알았기 때문에 고소인이 변제를 촉구하자 10일 만에 자신이 살던 주택을 매각한다는 것은 상식적으로 불가능한 일이고 고소인을 빼고 다른 채권자에게만 변제해야 하는 급박한 사정이 있었는지 특별한 사정에 대한 조사가 미흡한 상태에서 강제집행면탈죄의 성부를 가리지 못하고 결론을 잘못 내리고 말았습니다.

수사를 제대로 하지 않고 이러한 결정을 한 것은 독단에 불과합니다.

검사는 위와 같은 증거 및 사실관계를 경시한 채 피의자의 주장만 받아들인 것입니다.

피의자의 설명마저도 전술한 바와 같이 모두 거짓이었음을 스스로 보여주는 단적인 예라 할 것인데 검사 ○○○는 이러한 사정을 전혀 고려하지 아니한 잘못이 있습니다.

5. 결론

가, 고소인이 이 사건 각 범죄사실을 입증할 수 있는 증거라고 제시한 위 각 매매계약서, 연대 보증서, 부속서류로 인감증명서, 주민등록초

본, 피의자의 신분증복사본은 모두 피의자가 스스로 고소인의 면전에서 확인하고 교부한 것입니다.

피의자가 고소인에게 스스로 교부한 위의 서류만으로도 피의자의 이 사건 범행은 충분히 인정되고도 남습니다

검사 ○○○가 불기소하면서 인용한 참고인 이○○의 진술보다는 양적으로 보나 질적으로 보아 고소인이 제출한 위의 증거자료가 훨씬 증거가치가 있습니다.

나, 도대체 피의자가 왜 **고소인**에게 자신의 인감증명서와 인감도장도 연대보증서에 찍고 주민등록초본도 교부하고 자신의 신분증까지 복사하여 연대보증서에 작성해 교부한 것은 대담하게도 이○○의 형사합의금을 마련하기 위해 고소인을 속이고 이○○에게 근저당권설정서류를 교부하도록 기망하는 등 온통 의문투성이입니다.

다, 아마도 검사 ○○○는 이 사건을 대함에 있어 고소인이 피의자와 거래한 것이 아니고 이○○과의 거래라고 보고 피의자로부터 기망당한 것이 아니라는 생각에서 출발한 것으로 짐작됩니다.

그러나 이는 마치 빙산의 일각만 보고 전체를 본 것인 양 판단하는 것과 다름없습니다.

고소인으로서는 피의자가 이○○과 짜고 연대 보증서를 작성해 주고 자기가 매매대금을 책임지겠다고 속이는 바람에 이를 믿고 매매대금을 받지 못한 상태에서 근저당권설정서류를 넘겨주게 하여 시가 10억원이 넘는 부동산이 고스란히 날아가게 만든 장본인이 피의자입니다.

피의자가 이○○과 짜고 고소인을 기망하지 않았다면 매매대금을 받지

않은 상태에서 근저당권설정서류를 고소인이 넘겨줄리 만무했습니다. 사정이 이러함에도 검사 ○○○은 고소인의 득실관계를 함부로 추단하고 말았습니다.

라, 따라서 검사 ○○○의 이 사건 불기소결정처분은 위법부당하다고 할 것이고 피의자에 대한 이 사건 각 범죄사실에 대하여는 그 범죄를 증명할 수 있는 증거가 충분합니다.

이상의 이유로 광주지방검찰청 검사 ○○○의 피의자에 대한 불기소처분은 그 이유 없으므로 피의자 ○○○에 대한 공소제기 결정을 구하기 위하여 이 건 재정신청에 이른 것입니다.

소명자료 및 첨부서류

1. 매매계약서   1통
1. 연대보증서(부속서류 포함)   1통

○○○○ 년 ○○ 월 ○○ 일

위 재정신청인 : ○   ○   ○   (인)

광주 고등법원 귀중

재 정 신 청 서

사 건 번 호 : ○○○○형 제○○○○호 사기

신 청 인(고 소 인) : ○   ○   ○

피 고 인(피 의 자) : ○   ○   ○

○○○○ 년 ○○ 월 ○○ 일

위 신청인(고소인) : ○   ○   ○   (인)

대전 고등법원 귀중

재 정 신 청 서

1. 신청인(고소인)

성 명	○ ○ ○	주민등록번호	생략
주 소	청주시 ○○구 ○○로○○길 ○○, ○○○호		
직 업	회사원	사무실 주 소	생략
전 화	(휴대폰) 010 - 2345 - 0000		
사건번호	청주지방검찰청 ○○○○형 제○○○○호 사기 사건 의 고소인 겸 신청인		

2. 피고인(피의자)

성 명	○ ○ ○	주민등록번호	생략
주 소	청주시 청원구 ○○로 ○길 ○○, ○○○호		
직 업	무지	사무실 주 소	생략
전 화	(휴대폰) 010 - 9876 - 0000		
사건번호	청주지방검찰청 ○○○○형 제○○○○호 사기 사건 의 피고인 겸 피의자		

피의자 ○○○에 대한 청주지방검찰청 ○○○○년 형제○○○○호 사기 고소사건에 관하여 청주지방검찰청 검사 ○○○은 ○○○○. ○○. ○○. 불기소처분을 하였는바, 신청인(고소인)은 이에 불복하여 대전 고등검찰청 ○○○○년 불항 제○○○○호로 항고하였으나, ○○○○. ○○. ○○. 항고기각 결정을 통지받았으므로 이에 불복하여 재정신청을 합니다.

신청취지

1. 피의자 ○○○에 대한 청주지방검찰청 ○○○○년 형제○○○○호 사기 사건에 대한 공소제기를 결정한다.

라는 재판을 구합니다.

신청이유

1. 피의자의 범죄사실

피의자 ○○○은 충청북도 청주시 청원구 ○○로 ○○길 ○○, ○○빌딩 ○층에서 프랜차이즈 사업을 하는 자입니다.

○ ○○○○. ○○. ○○. 17:40경 위 ○○빌딩 ○층 소재에 있는 '○○ 커피전문점'에서 사실은 고소인으로부터 금 ○○○,○○○,○○○원을 빌려도 같은 해 ○○. ○○.까지 그 돈을 갚을 의사나 능력이 없었음에도 고소인에게'거래처에 수금이 늦어져서 그러니 ○○○,○○○,○○○원을 빌려주면 '이번 한 번만 도와주면 반드시 이 은혜를 갚겠다.'라고 말하며 "○○.말과 ○○.말에 거래처에서 수금하여 늦어도 ○○.까지는 원금에 이자를 합친 ○○○,○○○,○○○원을 반드시 갚겠다."라고 거짓말을 하여, 이에 속은 고소인으로부터 다음날 오전 피의자 명의의 신한은행 ○○○-○○-○○○○○○계좌로 금 ○○○,○○○,○○○원을 송금 받아 이를 편취한 것입니다.

2. 불기소처분의 이유

이 사건에 대한 검사 ○○○의 불기소처분의 요지는,

가, 피의자의 진술

(1) 피의자 ○○○는 직원 ○○명을 데리고 프랜차이즈 사업을 ○년째 하고 있는데 월매출이 ○○○,○○○,○○○원가량이고, 매월 ○○○,○○○,○○○원가량이 수금이 되었으나 최근에는 경기불황으로 지방에서 수금이 늦어지고 있어 자금에 애를 먹고 있다고 진술하며,

(2) 피의자가 일시적인 자금 사정으로 운영자금이 부족하여 절친한 친구인 고소인에게 사정을 하여 ○○○,○○○,○○○원을 빌렸을 뿐이라며, 아직까지는 거래처에서 수금이 늦어져 그 돈을 갚지 못하고 있지만 바로 갚을 것이라며 범행을 부인한다.

나, 고소인의 진술

고소인 역시 피의자와 친구인 사실은 인정하며, 피의자가 사업자금이 부족하여 이 사건 금원을 빌린 것과 수금이 되면 갚기로 한 사실은 인정하나, 피의자가 위 돈을 빌려간 이후 1년이 지난 현재까지 이자는커녕 한 푼의 돈을 갚지 않고 있다고 진술,

다, 의견

피의자가 위 사업장을 운영하면서 일시적인 운영자금이 부족하여 친구인 고소인으로부터 금 ○○○,○○○,○○○원을 빌린 사실은 인정되나, 피의자가 월말에 ○○○,○○○,○○○원가량의 수금이 되

었으면 위 차용금을 갚을 수 있었다는 점, 피의자는 현재도 위 사업을 계속하고 있는 점, 피의자가 위 금원을 차용하면서 차용증을 작성해 주었고, 수금이 되면 그 돈을 갚으려고 하였다는 점 등으로 보아 이 사건은 피의자의 채무불이행으로 인한 민사사안으로 보이고, 달리 피의자의 범행을 인정할 만한 증거 없어 증거불충분으로 불기소(혐의 없음) 의견임,

3. 불기소처분에 대한 반론

그러나 이 사건 검사 ○○○의 위와 같은 불기소처분은 다음과 같은 이유에서 부당합니다.

가, 금 ○○○,○○○,○○○원을 빌려준 경위,

(1) 피의자는 고소인의 고등학교 동창인 ○○○의 소개로 약 ○년 전에 알게 된 자로, 서로 친구같이 지내긴 했으나 절친한 친구는 아닙니다.

(2) 고소인이 이 사건이 나기 전에도 고소인과 피의자 그리고 위 ○○○은 가끔 만나 당구도 치고 함께 술도 마시고 하였으나 그 횟수는 1~2차례에 불과한 정도입니다. 그런데 피의자가 고소인과 술자리를 할 때 항상 자신의 사업수완을 자랑하며 대단한 사업가인 양 행세하였고, 최고급양복은 말할 것도 없고 최고급 외제차를 타고 다녀 고소인도 피의자가 아주 큰 프랜차이즈 사업을 하는 것으로 알고 있었습니다.

(3) 때문에 피의자가 일시적인 자금 사정으로 프랜차이즈 사업이 어려워서 그러니 2달만 쓰고 거래처에서 수금을 하여 이자까지 포함한 ○○○,○○○,○○○원을 늦어도 ○○○○. ○○. ○○.

까지는 반드시 갚겠다고 대수롭지 않게 말하여 평소에 피의자의 수완이 좋은 사람으로 알았던 고소인은 별 의심 없이 그 돈을 빌려주었던 것입니다.

나, 피의자의 변제할 의사나 능력에 대하여,

(1) 사기사건 피의자의 상환 의사나 능력에 관하여 판례는 '사기죄가 성립하는지 여부는 그 행위 당시를 기준으로 판단하여야 하므로, 소비대차 거래에서 차주가 돈을 빌릴 당시에는 변제할 의사와 능력을 가지고 있었다면 비록 그 후에 변제하지 않고 있다 하더라도 이는 민사상의 채무불이행에 불과하여 형사상 사기죄가 성립하지는 아니한다.(대법원 2016. 4. 2. 선고 2012도14516 판결 참조)'라고 하고 있습니다.

(2) 피의자가 이 사건 돈을 빌릴 당시 변제할 의사와 능력이 있었는가를 살펴보면 피의자가 ○○명의 직원들이 피의자의 공장에서 일을 하고 있다는 진술, 피의자 업체의 월매출이 월 1.5억원이라는 진술, 피의자의 거래처에서 월 1억 원 이상을 수금한다는 진술, 경기불황으로 지방에서 수금이 늦어지고 있다는 진술 등은 모두 거짓으로, 피의자는 이미 ○○○○. ○○. ○○. 발행한 당좌수표가 예금부족으로 부도가 났고, 그 무렵부터 피의자의 업체에서는 직원들이 모두 퇴직하여 아무런 직원도 없으며, 사업체가 정상적으로 가동되지 않았습니다.

(3) 피의자는 고소인으로부터 이 돈을 빌릴 당시 이미 파산상태였습니다.

(4) 때문에 ○○○○. ○○. ○○.이후로는 피의자의 사업체의 매출이 전혀 없었고, 거래로부터 수금할 외상값도 남아 있지 않았습니다.

그럼에도 피의자는 위와 같은 거짓말을 늘어놓고, 고소인에게 늦어도 ○○○○. ○○. ○○.까지 돈을 갚는다는 거짓말하고 고소인으로부터 돈을 빌려간 것입니다.

(5) 또한 피의자가 살고 있는 ○○아파트는 그 시가보다 훨씬 많은 금액의 근저당권이 설정되어 이미 경매로 넘어갔으나 저당권이 설정된 채무들은 다 갚지 못해 아직도 엄청남 채무가 남아 있는 상태입니다.

(6) 위와 같은 사실들로 보더라도 피의자는 고소인에게 돈을 빌리더라도 ○○○○. ○○. ○○. 이전에 이미 파산상태로 전혀 고소인에 대한 채무금을 변제할 능력이나 의사가 없었음은 물론수표의 부도로 금융권으로부터도 자금을 융통할 수 없는 형편이었음에도 고소인에게 고소인이 '3억 원을 빌려주면 ○○○○. ○○. ○○.까지 반드시 금 3억 5,000만 원을 갚겠다.' 라는 등의 거짓말로 고소인을 속였고, 이에 속은 고소인으로부터 그 돈을 편취한 것입니다.

4. 결론

이상의 사실에 의하여 피의자 ○○○에 대한 범죄행위는 충분히 인정된다 할 것인데 검사 ○○○의 피의자에 대한 불기소처분은 그 이유가 없음으로 피의자 ○○○에 대한 공소제기결정을 구하기 위하여 이건 재정신청에 이른 것입니다.

소명자료 및 첨부서류

1. 불기소처분통지서　　　　　　1통
2. 불기소처분이유서　　　　　　1통
3. 항고기각통지서　　　　　　　1통
4. 부도사실확인서　　　　　　　1통
5. 경매사건기록　　　　　　　　1통
6. 부동산등기부등본　　　　　　1통
7. 위 업체의 현황사진　　　　　3매

○○○○ 년 ○○ 월 ○○ 일

위 신청인(고소인) : ○　○　○　（인）

대전 고등법원 귀중

재 정 신 청 서

사 건 번 호 : ○○○○형 제○○○○호 사기

신 청 인(고 소 인) : ○ ○ ○

피 고 인(피 의 자) : ○ ○ ○

○○○○ 년 ○○ 월 ○○ 일

위 신청인(고소인) : ○ ○ ○ (인)

부산 고등법원 귀중

재 정 신 청 서

1. 신청인 (고소인)

성 명	○ ○ ○	주민등록번호	생략
주 소	부산시 ○○구 ○○로○○길 ○○, ○○○호		
직 업	상업	사무실 주 소	생략
전 화	(휴대폰) 010 - 1230 - 0000		
사건번호	부산지방검찰청 ○○○○형 제○○○○호 사기 등 사건의 고소인 겸 신청인		

2. 피고인 (피의자)

성 명	○ ○ ○	주민등록번호	생략
주 소	부산시 해운대구 ○○로 ○길 ○○, ○○○호		
직 업	무지	사무실 주 소	생략
전 화	(휴대폰) 010 - 9334 - 0000		
사건번호	부산지방검찰청 ○○○○형 제○○○○호 사기 등 사건의 피고인 겸 피의자		

피의자 ○○○에 대한 부산지방검찰청 ○○○○년 형제○○○○호 사기 등 고소사건에 관하여 부산지방검찰청 검사 ○○○은 ○○○○. ○○. ○○. 불기소처분을 하였는바, 신청인(고소인)은 이에 불복하여 부산 고등검찰청 ○○○○년 불항 제○○○○호로 항고하였으나, ○○○○. ○○. ○○. 항고기각 결정을 통지받았으므로 이에 불복하여 재정신청을 합니다.

신청취지

1. 피의자 ○○○에 대한 부산지방검찰청 ○○○○년 형제○○○○호 사기 등 사건에 대한 공소제기를 결정한다.

라는 재판을 구합니다.

신청이유

1. 피의자의 범죄사실

피의자 ○○○은 부산시 해운대구 ○○로 ○○길 ○○, ○○빌딩 ○층에서 '주식회사 ○○건설' 에 대표이사인 자로,

○ ○○○○. ○○. ○○. 고소인 회사에서 채권최고액 금 ○○억 원의 근저당권을 근거로 경매를 신청하여 부산지방법원에서 진행 중인 위 법원○○○○타경○○○○호 임의경매신청사건에서 경매대상물인 고소인 회사의 소유인 부산시 ○○구 ○○로 ○○길 ○○. 근린생활시설 3층 건물 중 일부인 2층 소재 '○○커피전문점' 의 인테리어공사를 ○○○○. ○○. ○○. 완료하면서 위 회사에서 공사대금 ○억 원을 받지 못했다는 이유로 위 공사대금 ○억 원의 도급계약서를 위 법원의 경매담당 계장에게 제출하면서 그 미지급금을 근거로 유치권을 행사하고 있다는 허위의 유치권 신고를 하였고, ○○○○. ○○. ○○. 위 경매대상물의 경락대금 ○○억 원 중 금 ○억 원을 배당받는 방법으로 위 법원을 기망하여 위 금원을 편취하였습니다.

2. 불기소처분의 이유

이 사건에 대한 검사 ○○○의 불기소처분 요지,

가, 피의자의 진술

    (1) 피의자는 부산시 ○○구 ○○로 ○○길 ○○. 근린생활시설 3층 건물 중 일부인 2층 '○○커피전문점' 의 인테리어공사를 ○○○○. ○○. ○○. 완료하면서 위 회사로부터 공사대금 금 ○억 원을 받지 못한 것이 사실이고, 유치권도 실제대로 행사하고 있었다고 범행을 극구 부인하고,

나, 참고인 ○○주식회사 대표이사 ○○○의 진술

    참고인 역시 실제로 위 인테리어공사를 하였고, 피의자가 위 공사대금을 받지 못한 것이 사실이라는 진술로 피의자의 진술과 부합,

다, 의견

    고소인의 진술만으로는 피의자의 범행을 인정할 수 없고, 달리 피의자의 범행을 인정할 만한 증거 없어 증거불충분으로 불기소(혐의 없음) 의견임,

3. 불기소처분에 대한 반론

    그러나 이 사건 검사의 위와 같은 불기소처분은 다음과 같은 이유에서 부당한 것입니다.

  가, 피의자의 유치권에 대한 허위,

    (1) 피의자는 위 인테리어공사를 하고 그 공사비 ○억 원을 받지 못하였다고 주장하고 있으나, 이는 전혀 사실이 아닙니다. 말하자면 피의자가 위 인테리어공사를 한 것은 사실이지만 인테

리어공사를 완료할 무렵까지 인테리어공사비 ○억 원 중, ○억
○,○○○만 원을 받았고, 나머지 지급받지 못한 인테리어공사
비는 ○○○만 원에 불과합니다.

(2) 위와 같은 사실은 고소인 회사의 직원이 위 경매가 끝났어도 ○
○회사의 채무금이 많이 있었기 때문에 위 ○○주식회사를 방문
하였을 때 위 회사의 전 경리ㅏ담당 직원으로부터 직접 확인한
사실입니다.

말하자면 인테리어공사를 시작할 때 계약금으로 금 ○,○○○만
원을 지급하였고, 위 인테리어공사를 완료할 무렵 금 ○억 원이
지급되었다는 사실을 위 경리담당 직원이 고소인 회사에게 알려
주었습니다.

(3) 고소인으로서는 이 사건의 항고가 기각되어 다시 한 번 더 고소
인 회사의 직원을 시켜 이미 퇴직한 위 경리담당 직원을 수소문
하여 찾아가 다시 한 번 위와 같은 사실을 확인하고 경리담당
직원의 도움으로 당시의 송금한 온라인송금영수증을 교부받았습
니다.

(4) 이 온라인송금영수증에 기재된 피의자의 계좌를 추적하면 피의
자가 위 인테리어공사대금 중 금 ○억 ○,○○○만 원을 받아간
사실을 확인할 수 있을 것입니다.

(5) 피의자가 ○○○만 원의 채권이 있었기 때문에 유치권을 행사할
수 있었는지는 몰라도 피의자가 위 인테리어공사 건물을 점유
하면서 유치권을 행사한 사실은 없습니다. 그 사실 역시 위 경
리담당 직원으로부터 확인한 사실입니다.

(6) 더욱이 피의자는 전혀 사실이 아닌 ○억 원의 채권액을 주장하고 그 배당을 받아간 것은 법원을 기망환 명백한 사기행위이고, 허위의 유치권을 신고한 것은 위 법원의 경매업무를 방해한 것입니다.

(7) 피의자의 위와 같은 허위의 유치권 신고로 위 경매는 4차에 걸쳐 유찰이 되어 경락대금은 급박하였고, 급락한 경락대금에서도 피의자가 허위의 채권으로 금 ○억 원을 배당받아 가는 바람에 고소인은 실로 막대한 피해를 입었습니다.

나, 참고인 ○○주식회사 대표이사 ○○○ 진술의 신빙성

참고인 ○○○은 위 인테리어공사를 계약할 때에도 피의자와 계약을 하지 않았습니다.

그 인테리어공사 계약 당시 참고인 ○○○은 채권자들을 피해 어디론가 도망을 갔었기 때문에 위 계약은 위 계약은 ○○주식회사 ○○○상무가 체결한 것입니다.

때문에 참고인 ○○○은 위 인테리어공사의 공사대금의 지급여부를 전혀 모르고 있었음에도 불구하고 같은 지역 안에서 사업을 하는 잘 아는 사람으로 피의자의 편을 들어 이 사건 진술을 한 것입니다.

그러므로 참고인 ○○○의 진술은 신빙성이 없습니다.

4. 결론

이상의 사실에 의하여 피의자에 대한 범죄행위는 충분히 인정된다 할 것인데 검사의 피의자에 대한 불기소처분은 그 이유가 없음으로 피의자 ○○○

에 대한 공소제기결정을 구하기 위하여 이건 재정신청에 이른 것입니다.

소명자료 및 첨부서류

1. 불기소처분통지서   1통
2. 불기소처분이유서   1통
3. 항고기각통지서   1통
4. 온라인송금영수증   1통

○○○○ 년 ○○ 월 ○○ 일

위 신청인(고소인) : ○   ○   ○   (인)

부산 고등법원 귀중

재 정 신 청 서

사 건 번 호 : ○○○○형 제○○○○호 사기

신 청 인(고 소 인) :   ○   ○   ○

피 고 인(피 의 자) :   ○   ○   ○

○○○○ 년 ○○ 월 ○○ 일

위 신청인(고소인) : ○   ○   ○   (인)

대구 고등법원 귀중

재 정 신 청 서

1. 신청인(고소인)

성 명	○ ○ ○	주민등록번호	생략
주 소	경상북도 영천시 ○○로○○길 ○○, ○○○호		
직 업	상업	사무실 주 소	생략
전 화	(휴대폰) 010 - 2349 - 0000		
사건번호	대구지방검찰청 ○○○○형 제○○○○호 사기 사건의 고소인 겸 신청인		

2. 피고인(피의자)

성 명	○ ○ ○	주민등록번호	생략
주 소	경상북도 경산시 ○○로 ○길 ○○, ○○○호		
직 업	무지	사무실 주 소	생략
전 화	(휴대폰) 010 - 7765 - 0000		
사건번호	대구지방검찰청 ○○○○형 제○○○○호 사기 사건의 피고인 겸 피의자		

피의자 ○○○에 대한 대구지방검찰청 ○○○○년 형제○○○○호 사기 고소사건에 관하여 대구지방검찰청 검사 ○○○은 ○○○○. ○○. ○○. 불기소처분을 하였는바, 신청인(고소인)은 이에 불복하여 대전 고등검찰청 ○○○○년 불항 제○○○○호로 항고하였으나, ○○○○. ○○. ○○. 항고기각 결정을 통지받았으므로 이에 불복하여 재정신청을 합니다.

신 청 취 지

1. 피의자 ○○○에 대한 대구지방검찰청 ○○○○년 형제○○○○호 사기 사건에 대한 공소제기를 결정한다.
라는 재판을 구합니다.

신 청 이 유

1. 피의자의 범죄사실

(1) 고소인은 ○○○○. ○○. ○○. ○○:○○경 수사기관을 사칭하는 성명불상자로부터 개인정보가 유출되어 대포통장이 개설되어 범죄에 이용되고 있다는 전화를 받고 그가 알려주는 사이트에 접속하여 금융거래에 필요한 개인정보를 입력하였습니다.

(2) 성명불상자는 고소인 명의의 ○○은행계좌에서 피의자 명의의 ○○은행계좌로 70,000,000원을 임의로 이체하였습니다.

(3) 피의자의 ○○은행계좌에는 ○○○○. ○○. ○○. ① ○○:○○경 이○○ 명의로 3,000천만 원, ② ○○:○○경 고소인 명의로 5,000천만 원, ③ ○○;○○경 고소인 명의로 2,000천만 원 등 합계 1억 원이 입금되었습니다.

(4) 피의자는 그날 ① ○○:○○경 ○○은행 ○○지점에서 5,000천만 원, ② ○○:○○경 ○○은행 ○○지점에서 5,000천만 원을 인출하였습니다.

(5) 이에 고소인의 고소에 따라 피의자를 컴퓨터등사용사기방조죄로 인

지한 경찰은 ○○○○. ○○. ○○. 피의자를 소환하여 그의 진술을 들었습니다. 피의자는 경찰에서, 대부업체로부터 돈을 대출받는 과정에서 ○○○이라는 사람과 전화통화를 하면서 신용등급을 올리기 위해 필요하다는 말을 믿고 ○○○이 시키는 대로 자신의 계좌에 입금된 돈을 찾아 전액 현금으로 전달하였다고 진술하였습니다.

2. 불기소처분의 이유

이 사건에 대한 검사 ○○○의 불기소처분 요지는,

가. 피의자의 진술

○ 당시 대출이 급한 상황이라 비정상적 거래라는 생각을 하지 못하였다고 진술하였다.

○ 피의자는 대출을 해주겠다는 이○○의 사진이 포함된 명함 사본과 상담신청서 등 서류를 보관하고 있고, 이○○ 등의 연락처를 보관하고 있을 뿐 아니라 피의자는 대가를 취득한 사실이 없다고 진술하였습니다.

나. 고소인의 진술

○ 피의자의 ○○은행계좌에는 ○○○○. ○○. ○○. ① ○○:○○경 이○○ 명의로 3,000천만 원, ② ○○:○○경 고소인 명의로 5,000천만 원, ③ ○○;○○경 고소인 명의로 2,000천만 원 등 합계 1억 원이 입금된 사실을 알고 피의자는 그날 ① ○○:○○경 ○○은행 ○○지점에서 5,000천만 원, ② ○○:○○경 ○○은행 ○○지점에서 5,000천만 원을 모두 1억 원을 모두 현금으로 인출하여 범인에게 전달한 것입니다.

다, 의견

    ○ 검사 ○○○은 피의자를 ○○○○. ○○. ○○.조사하였는데, 피의자는 경찰에서와 같은 취지로 진술하면서 당시 대출이 급한 상황이라 비정상적 거래라는 생각을 하지 못하였다고 주장하였다.

    ○ 피의자의 진술만 듣고 다음날 ① 피의자에게 동종 전과가 없고, ② 피의자가 제출한 이○○의 사진이 포함된 명함 사본과 상담신청서 등 서류가 그의 주장에 일부 부합하며, ③ 피의자가 이○○ 등의 연락처를 보관하고 있으며, ④ 피의자가 대가를 취득한 사실이 확인되지 않는다는 등의 이유로 이 사건 불기소처분을 한다는데 있습니다.

3. 불기소처분에 대한 반론

그러나 이 사건 검사 ○○○의 위와 같은 불기소처분은 다음과 같은 이유에서 부당합니다.

가, 피의자 진술의 신빙성

    (1) 피의자는 자신의 실명계좌를 이용하여 거래했고, 그가 제출한 자료에 따르면 실제로 대부업체로부터 대출을 받으려고 시도한 것으로 보이며, 이 사건으로 이익을 취득하였음을 인정할 수 있는 자료도 없습니다.

    (2) 이런 사정은 피의자에게 범죄 혐의가 없음을 뒷받침하는 자료가 될 수 있습니다.

    (3) 그러나 피의자의 경찰과 검찰에서의 진술에 일부 서로 어긋나는

부분이 있고, 다음과 같은 사정에 비추어 보면 피의자에게 최소한 전화를 이용한 사기 범행의 방조 혐의를 인정할 수 있는 여지가 있습니다.

피의자는 대출을 권유하는 문자메시지를 받고 문의하는 과정에서 자신의 계좌로 입금되는 돈을 인출하여 전달해주는 방법으로 신용등급을 올려야 대출이 가능하다는 이야기를 그대로 믿었다고 진술하고 있습니다.

(4) 그러나 개인 명의로 입금된 돈을 찾아 제3자에게 전달함으로써 신용등급이 올라간다는 것은 상식적으로 납득할 수 없는 것인데, 피의자는 서울에서 명문대학을 졸업하고 여러 차례 대부업체나 제2금융권으로부터 대출을 받은 경험이 있는 피의자가 이런 말에 속았다는 것 자체가 쉽게 이해하기 어렵습니다.

(5) 자신의 은행계좌에서 돈을 입출금함으로써 신용등급이 올라가는 것으로 믿었다고 하더라도, 1억 원이나 되는 현금을 은행을 2차례나 옮겨가며 현금으로 인출하여 은행 앞 도로에서 처음 보는 사람에게 그대로 전달하였다는 피의자의 진술은 액면 그대로 믿기 어렵습니다.

피의자도 ① 경찰에서는 첫 번째 돈을 인출하여 전달할 때 의심이 들어 두 번째 돈을 찾아 전달할 때 ○○○에게 보이스피싱이 아니냐고 물었더니 그렇다면 한 번에 끝내지 여러 번 시키겠냐고 하여 믿었다고 진술하였고, ② 검찰에서는 첫 번째 돈을 인출할 때 약간 의심이 가서 ○○○에게 이 돈이 무슨 돈이냐고 물었더니 대출받은 돈을 돌려받는 것인데 신용등급을 올리기 위해 피의자의 계좌를 이용하는 것이라고 하여 믿었고, 그렇다면 송금하면 되지 않느냐고 했더니 직원에게 전달해 달라고 하여 그대로 하였다는 취지로 진술하였습니다.

(6) 피의자는 스스로 보이스피싱을 의심하였다고 하면서 ○○○이라는 사람의 설득력 없는 해명을 그대로 믿었다는 피의자의 진술은 납득하기 어렵습니다.

(7) 피의자는 경찰에서 조사받으면서 ○○은행 ○○지점에서 현금을 인출할 때 사용처를 묻는 은행직원에게 ○○○이 사전에 알려준 대로 계약금에 사용한다고 답하였다고 진술하였습니다.

그러나 피의자에게 현금을 인출해 준 은행직원은 피의자가 거래처에 줄 돈과 직원들 월급으로 필요하다고 하며 현금을 요청하였다고 진술하고 있습니다.

신용등급을 올리기 위해 은행거래를 하면서 현금 사용처를 속인다는 것도 선 듯 이해하기 어려울 뿐만 아니라, 현금 사용처에 대하여도 은행직원과 다른 내용으로 진술하고 있는 피의자의 진술은 그대로 믿기 어렵습니다.

(8) 피의자는 돈을 인출한 뒤 ○○은행으로부터 보이스피싱에 연루되었다는 전화나 문자메시지를 받고도 곧바로 수사기관에 신고하는 등 조치를 취하지도 않았습니다.

(9) 피의자는 ○○은행으로부터 전화 연락을 받고 ○○○에게 전화하였더니 해프닝이라고 하여 그대로 있었다고 진술하고 있는데, 이러한 주장도 설득력이 없습니다.

나, 검사의 수사미진 및 법리오해

(1) 그렇다면 검사 ○○○로서는, ① 피의자의 학력과 경력 등을 고려할 때 금융기관 대출상담 등을 통해 자신의 신용상태를 확인한 적이 있는지 여부와 관련 금융지식의 정도 등을 조사하였어야 하고, ② 두 차례에 걸쳐 돈을 인출하는 과정에 관하여 피의자의 구체적 진술에 일관성이 없으므로 당시 상황에 대한 정확한 진술내용을 정리하고 상식에 어긋나는 부분을 확인하였어야 하며, ③ 피의자의 휴대전화에 담겨져 있는 문자메시지나 통화내역, ○○은행에서 피의자에게 보이스피싱에 연루되었음을 통보한 문자메시지나 통화내용을 조사하고, ④ 피의자가 대출상담을 하였다는 이○○의 실존 여부 등도 반드시 확인하고 진실을 파헤쳤어야 합니다.

(2) 그런데 검사 ○○○은 위와 같은 사항을 조사하고 확인하였다면 그 결과에 따라서는 고소인이 주장하는 피의자의 혐의가 인정될 가능성을 배제할 수 없습니다.

(3) 그럼에도 불구하고 검사 ○○○은 충분한 조사를 하지 않고 피의자의 진술만 듣고 그의 변명을 그대로 받아들여 무혐의처분을 하였는데, 이는 중대한 수사미진 및 법리오해에 따른 자의적 검찰권의 행사입니다.

4. 결론

이상의 사실에 의하여 피의자에 대한 범죄행위는 충분히 인정된다 할 것이므로 검사 ○○○의 피의자에 대한 불기소처분은 그 이유가 없음으로 피의자 ○○○에 대한 공소제기결정을 구하기 위하여 이건 재정신청에 이른 것입니다.

소명자료 및 첨부서류

1. 불기소처분통지서   1통
2. 불기소처분이유서   1통
3. 항고기각통지서   1통
4. 계좌이체확인서   1통
5. 입출금내역서   1통

○○○○ 년 ○○ 월 ○○ 일

위 신청인(고소인) : ○   ○   ○   (인)

대구 고등법원 귀중

재 정 신 청 서

사 건 번 호 : ○○○○형 제○○○○호   횡령

신 청 인(고 소 인) :   ○   ○   ○

피 고 인(피 의 자) :   ○   ○   ○

○○○○ 년 ○○ 월 ○○ 일

위 신청인(고소인) : ○   ○   ○   (인)

서울 고등법원 귀중

재 정 신 청 서

재 정 신청인	①성 명	○ ○ ○	②주민등록번호	생략
	③주 소	서울시 ○○구 ○○로 ○○. 고층주공아파트 ○○동 ○○○○호 (휴대전화 010 － 4987 － 0000)		
피재정 신청인	④성 명	○ ○ ○	⑤주민등록번호	생략
	⑥주 소	서울시 광진구 ○○로 ○○. ○○○아파트 ○○○동 ○○○호 (휴대전화 010 － 2300 － 0000)		
⑦ 사 건 번 호		서울동부지방검찰청 ○○○○년 형제○○○○호 횡령 서울고등검찰청 ○○○○년 불항 제○○○○호 횡령		
⑧ 죄 명		횡령		
⑨ 처 분 일 자		○○○○. ○○. ○○.		

피의자 ○○○에 대한 서울동부지방검찰청 ○○○○년 형제○○○○호 횡령
고소사건에 관하여 서울동부지방검찰청 검사 ○○○은 ○○○○. ○○. ○
○. 불기소처분을 하였는바, 신청인(고소인)은 이에 불복하여 부산 고등검
찰청 ○○○○년 불항 제○○○○호로 항고하였으나, ○○○○. ○○. ○
○. 항고기각 결정을 통지받았으므로 이에 불복하여 재정신청을 합니다.

신청취지

1. 피의자 ○○○에 대한 서울동부지방검찰청 ○○○○년 형제○○○○호
   횡령 사건에 대한 공소제기를 결정한다.
라는 재판을 구합니다.

신청이유

1. 피의자에 대한 범죄사실

고소인과 피의자는 ○○대학교 동창인 친구사이로 고소인과 피의자는 역시 동창생인 신청 외 ○○○이 개업한 서울시 동대문구 ○○○로길 ○○, 소재 '○○단란주점' 의 운영자금 ○○억 원 중, 각자 ○억 원을 빌려 주었고, 위 ○○○이 가정문제로 위 업소를 운영하지 않기로 함에Ⅱ 따라 위 업소를 신청 외 ○○○에게 넘기면서 신청 외 ○○○은 고소인과 피의자가 위 ○○○에게 빌려주었던 위 ○○억 원에 대하여 병존적 채무인수를 하고, 위 업소를 ○○○○. ○○. ○○.부터 인수하여 운영하면서 매월 ○억 원을 고소인과 피의자가 지정한 피의자의 ○○은행 ○○○-○○-○○○○○○ 계좌로 입금하기로 하였고, 피의자는 이와 같이 입금된 돈을 균등하게 나누어 고소인에게 송금하여 주기로 약정하였음에도 그 임무에 위배하여,

○○○○. ○○. ○○.부터 ○○○○. ○○. ○○.까지 위 ○○○으로부터 위와 같은 약정에 따라 피의자의 위 계좌로 송금한 금 ○억 원을 고소인과 위 약정한 내용에 따라 균등하게 나누어 분배하여야 함에도 불구하고 분배를 하지 않아 수차에 걸쳐 고소인이 균등하게 분배하여 줄 것을 요구하여도 피의자는 이를 무시하고 계속하여 반환을 거부하여 위 금 중, 고소인의 몫인 ○억 원을 횡령한 것입니다.

2. 불기소처분의 이유

이 사건에 대한 검사의 불기소처분 요지는 아래와 같습니다.

가, 피의자의 진술
　　(1) 피의자는 신청 외 ○○○으로부터 금 ○○억 원을 송금 받은 것

은 사실이나 피의자가 신청 외 ○○○에게 빌려준 자금이 총액이 ○○억 원이고, 이 역시 ○○○이 병존적 채무인수를 한 채권이라고 주장하고 있고,

(2) 위 ○○○이 피의자에게 작성하여 준 차용증, ○○○이 피의자의 채권액 ○○억 원에 대하여 병존적 채무인수를 한 계약서 등을 제출하고,

(3) 고소인과 ○○○으로부터 입금되는 자금을 고소인과 나누기로 약정한 사실이 없다고 진술하며, 피의자가 ○○○으로부터 추심되는 돈을 취한 것은 채권자로서 당연히 할 수 있는 권리라고 주장하며 범행을 부인,

나, 참고인 ○○○, ○○○의 진술

참고인 ○○○은 피의자에게 ○○억 원이 채무가 있는 것은 사실이고, 고소인과 피의자가 피의자의 통장으로 입금되는 ○○○으로부터의 추심금은 나누기로 약정한 사실은 자신이 모르는 일이라고 진술하고,

참고인 ○○○은 피의자와 고소인이 자신에게 받을 돈 ○○억 원을 피의자의 통장으로 입금하라고 해서 한 것은 사실이나 피의자와 고소인이 그 돈을 나누기로 약정한 사실은 모르는 일이라고 진술,

다, 결론

피의자의 진술은 위 참고인들의 진술과 부합하고, 피의자가 ○○○으로부터 송금 받은 돈을 피의자와 고소인이 균등하게 나누기로 구두 약정하였다는 고소인의 진술을 피의자는 부인하고, 서면의 약정

이 없다는 것은 피의자나 고소인이 모두 인정한다.

피의자가 참고인 ○○○에게 받아야 할 채권이 ○○억 원이고, 참고인 ○○○은 그 채권에 대하여 병존적 채무인수를 한 이후 ○○억 원을 송금하였는데 그 돈을 피의자가 모두 가졌다고 하여 피의자가 자신의 채권 이상의 돈을 받은 것은 아니라는 점,

피의자나 고소인은 모두 자신들의 채권에 대하여 강제집행을 하거나 채무명의를 가지고 있지는 않다는 점, 때문에 그 채권의 우열은 없으므로 채권자 모두가 먼저 채권을 상환 받을 권리가 있다는 점 등으로 보아 피의자의 이 사건 범행을 인정하기 어렵고 달리 그 범행을 인정할 만한 증거가 없어 증거불충분으로 불기소(혐의 없음) 의견임.

3. 불기소처분에 대한 반론

그러나 이 사건 검사의 위와 같은 불기소처분은 아래에서 보는 바와 같이 부당한 것입니다.

가, 피의자가 ○○억 원의 채권이 있느냐에 대하여,

(1) 피의자가 참고인 ○○○에게 ○○억 원의 돈을 빌려준 사실이 있다는 이야기는 고소인이 이 사건 ○○억 원의 자금을 참고인 ○○○에게 빌려주기로 하기 전이나, 빌려주기로 할 때나, 빌려준 이후에도 피의자나 참고인 ○○○ 등으로부터 전혀 들은 적이 없는 사실입니다.

(2) 참고인 ○○○이 위 업소를 그만두기로 하였다는 말을 고소인과 피의자에게 할 때 고소인은 참고인 ○○○과 돈 문제로 심한 말다툼을 하였고, 그 후로는 사이도 나빠져 서로 말을 나눈 사

실도 없습니다.

(3) 그 당시 피의자는 ○○○의 말을 두둔하며 ○○○과 한편이 되어 고소인과 말다툼을 하였고, 그 후로는 ○○○과 마찬가지로 고소인과 별다른 이야기를 나눈 적도 없었고, 이 사건 ○○억 원의 돈을 받기 위화여 고소인과 피의자가 같이 ○○○을 찾아가 고소인과 피의자가 받아야 할 ○○억 원을 피의자의 통장으로 넣어달라고 말을 할 때에만 같이 동행하였습니다.

(4) 그러던 피의자가 이 사건 고소가 되자 피의자가 ○○○에게 받아야 할 돈이 ○○억 원이라는 이야기를 하게 되었고, 이때 고소인은 그런 사실을 처음 알게 되었습니다. 고소인의 판단으로는 피의자와 ○○○이 고소인과 말다툼을 한 이후 뭔가 음모를 꾸민 것으로 보입니다.

(5) 그리고 피의자가 ○○○에게 ○○억 원의 돈을 빌려주었다면 그 금융거래의 자료가 반아 있을 것입니다. 때문에 고소인은 검찰 항고에서 그 자금의 추적을 요구하였지만 검찰에서 고소인의 요구를 아예 받아들이지 않았습니다.

(6) 또한 참고인 ○○○은 같은 참고인 ○○○이 피의자에 대한 채무금 ○○억 원을 언제 어떤 식으로 병존적 채무인수를 하였는지에 대하여 상세한 수사 자체가 이루어지지 않았고, 만연히 참고인 ○○○이 그 채무를 변존적으로 인수하였다는 사실만 확인하는데 그쳤습니다.

(7) 참고인 ○○○이 피의자의 채권 ○○억 원을 언제 인수하였는지를 확인하여 고소인과 피의자의 채권 ○○억 원에 대하여 참고인 ○○○의 병존적으로 채무를 인수한 시기와 비교하여 피

의자의 채권 ○○억 원의 진실한 채권인지를 파헤쳤어야 하는
데 전혀 수사가 이루어지지 않았습니다.

나, 피의자와 고소인의 채권 ○○억 원을 공동으로 추심하기로 약정하였
느냐에 대하여,

(1) 피의자와 고소인은 공동의 채권 ○○억 원을 참고인 ○○○으로
부터 추심하기로 하고 그 추심금을 피의자 통장으로 입금해 달
라고 한 사실이 있습니다.

(2) 그러나 당시 고소인은 채권 ○○억 원에 대하여 참고인 ○○○
에게 각 ○억 원씩 동등한 채권이 있다고 말을 하지도 않았고,
그 금액을 공동으로 추심하는 것이라고 ○○○에게 찾아가 말한
사실도 없었습니다.

(3) 피의자의 통장으로 입금해 달라고 한 것은 그 채권 중에서 고소인
의 채권이 있기 때문에 부탁한 것이지 그 채권액이 모두 피의자의
채권액이라면 고소인이 구태여 위 ○○○을 피의자와 같이 찾아가
피의자의 통장으로 입금해 달라고 할 필요가 없는 것입니다.

(4) 피의자도 고소인과 같이 공동으로 채권 ○○억 원을 위 ○○○
으로부터 추심하기로 약정한 사실이 없다고 진술하였습니다.

이는 새빨간 거짓말입니다.

왜냐하면 당시 피의자와 고소인은 사이가 좋지 못하였으므로 공
동추심을 하기로 약정을 하지 않았다면 고소인과 피의자가 같이
○○○에게 찾아가 ○○억 원을 피의자의 통장으로 입금해 달라
고 부탁할 하등의 이유가 없었기 때문입니다.

(5) 전혀 이는 사리에도 맞지 않는 주장입니다.

(6) 고소인과 피의자가 공동으로 채권 ○○억 원을 위 ○○○으로부터 공동으로추심하기로 구두 상으로 약정하였기 때문에 위 ○○○을 찾아간 것이 사실이고, 위와 같이 공동으로 추심된 ○○억 원에 대하여 피의자는 그 돈을 고소인에게 균등하게 나누어 주어야 할 지위에 있다고 할 것이므로 그 지위에 있는 피의자가 그 배분을 거부하거나 임의로 사용해 버렸다면 이는 횡령죄가 명백하다 할 것입니다.

4. 결론

이상의 사실에 의하여 피의자에 대한 범죄행위는 충분히 인정된다 할 것인데 검사의 피의자에 대한 불기소처분은 그 이유가 없음으로 피의자 ○○○에 대한 공소제기결정을 구하기 위하여 이건 재정신청에 이른 것입니다.

소명자료 및 첨부서류

1. 불기소처분통지서   1통
2. 불기소처분이유서   1통
3. 항고기각통지서   1통
4. 투자금 내역서   1통

○○○○ 년 ○○ 월 ○○ 일

위 신청인(고소인) : ○　○　○　(인)

서울 고등법원 귀중

재 정 신 청 서

사 건 번 호 :　○○○○형 제○○○○호　　명예훼손죄 등

신 청 인(고 소 인) :　○　　　○　　　○

피 고 인(피 의 자) :　○　　　○　　　○

○○○○ 년 ○○ 월 ○○ 일

위 신청인(고소인) :　○　　　○　　　○　　(인)

광주 고등법원 귀중

재 정 신 청 서

재 정 신청인	①성 명	○ ○ ○	②주민등록번호	생략
	③주 소	광주시 ○○구 ○○로 ○○. ○○○○아파트 ○○동 ○○○○호 (휴대전화 010 - 2988 - 0000)		
피재정 신청인	④성 명	○ ○ ○	⑤주민등록번호	생략
	⑥주 소	광주시 ○○구 ○○로 ○○. ○○○아파트 ○○○동 ○○○호 (휴대전화 010 - 9899- 0000)		
⑦ 사 건 번 호		광주지방검찰청 ○○○○년 형제○○○○호 광주고등검찰청 ○○○○년 불항 제○○○○호		
⑧ 죄 명		명예훼손죄 등		
⑨ 처 분 일 자		○○○○. ○○. ○○.		

피의자 ○○○에 대한 광주지방검찰청 ○○○○년 형제○○○○호 명예훼손 죄 등 고소사건에 관하여 광주지방검찰청 검사 ○○○은 ○○○○. ○○. ○○. 불기소처분을 하였는바, 신청인(고소인)은 이에 불복하여 부산 고등 검찰청 ○○○○년 불항 제○○○○호로 항고하였으나, ○○○○. ○○. ○○. 항고기각 결정을 통지받았으므로 이에 불복하여 재정신청을 합니다.

신 청 취 지

1. 피의자 ○○○에 대한 광주지방검찰청 ○○○○년 형제○○○○호 명예 훼손죄 등 사건에 대한 공소제기를 결정한다.
라는 재판을 구합니다.

신 청 이 유

1. 피의자의 범죄사실

(1) 통신비밀보호법위반

○ 피의자는 ○○○○. ○○. ○○. ○○:○○경 장소를 알 수 없는 곳에서 고소인이 동아리 후배 ○○○을 험담하는 내용을 공개하려는 목적으로, <u>고소인과 본건 외 동아리 선배 양○○가 주고받은 카카오 톡 대화캡처 사진을 고소인의 동의 없이 취득한 다음, 그 대화자료를 피의자의 페이스 북 계정에 전체공개로 개시하여 누설</u>하였습니다.

(2) 모욕

○ 피의자가 공개된 SMS 인스타그램(피의자 계정)에 본건 외 동아리 선배 <u>양○○와 고소인이 개인적으로 나눈 대화 캡처사진을 게시하며 비방하는 댓글을 작성하여 동아리 사람들에게 명예를 훼손하고, 모욕하였습니다</u>.

(3) 정보통신망 이용촉진 및 정보보호 등에 관한 법률 제70조 제2항 명예훼손죄

○ 피의자는 ○○○○. ○○. ○○. 14:00경 본건 외 동아리 후배 심○○의 페이스 북 '흔한 선배의 후배 갈굼! 제가 인스타 안할 줄 아셨나봐요!' 라는 게시 글에 고소인을 비방할 목적으로, ① 원래 접부가 일을 다하는데 용케 <u>단체탈퇴 선동하고</u> 집부 시작 전에는 <u>애들 붙잡는 시도조차 안하고</u> 나몰라라 한 덕에, 집부로 남은 애들은 손이 부족하고 놓치는 부분이 있을 수밖에 없었겠죠

ㅎㅎ 새내기한테 일을 왜 시킵니까. ② 개네 집부되면 어차피 할 일들을...이라고 댓글을 게시하였고, 계속하여 뒤에서만 하는 선동말고, 애들한테 늘 요구하던 본인이 언제든 설명 가능하다던 제대로 된 피트백 부탁합니다....(생략).. 이라고 정보통신망에 게시하여 공연히 고소인의 명예를 훼손하였습니다.

2. 불기소처분의 이유

이 사건에 대한 검사의 불기소처분 요지는 아래와 같습니다.

(1) 통신비밀보호법위반

이 사건 피의사실의 요지 및 불기소이유는 사법경찰관이 작성한 의견서 기재와 같다.

○ 덧붙여 통신비밀보호법위반이 성립하기 위해서는 우편물의 검열 또는 전기통신의 감청을 하거나 공개되지 아니한 타인간의 대화를 녹음 또는 청취하여 알게 된 통신 또는 대화 내용을 공개하거나 누설하여야 하므로 본건과 같이 지인을 통해 그 대화 내용을 전달받은 경우 검열, 감청, 녹음, 청취하게 알게 된 대화 내용을 공개, 누설한 사안에 해당하지 않는다.

○ 범죄 인정되지 아니하여 혐의 없다.

(2) 정보통신망 이용촉진 및 정보보호 등에 관한 법률위반(명예훼손), 모욕

이 사건 피의사실의 요지 및 불기소 이유는 사법경찰관이 작성한 의견서 기재와 같다.

○ 덧붙여 고소인이 먼저 녹취록을 공개하여 피의자가 이 사건 발언에 이르게 된 사건 경위 및 기재한 글의 전체 취지를 고려하면 피의자에게 고소인을 비방할 목적이나 모욕할 의도가 있다고 단정하기 어렵고, 그 표현 내용에 비추어 다소 무례한 표현에 해당할 수 있으나 고소인의 인격적 가치를 저하하는 표현에 해당한다고 볼 수 없다.

○ 달리 피의사실을 인정할 증거가 없다.

○ 증거 불충분하여 혐의 없다는데 있습니다.

3. 수사결과 및 의견

(1) 고소인은

○ 피의자와 같은 동아리 동기(○○기) 사이로, 피의자가 공개된 SMS 인스타그램(피의자 계정)에 본건 외 동아리 선배 양○○와 고소인이 개인적으로 나눈 대화 캡처사진을 게시하며 비방하는 댓글을 작성하여 동아리 사람들에게 명예를 훼손하고, 모욕하였다며, 피의자에 대한 처벌을 바란다고 진술한다.

(2) 피의자는

○ 고소인과 같은 동아리 동기 사이로, 평소 후배들을 대하는 고소인의태도에 불만을 갖고 있던 중, 고소인이 먼저 자신의 인스타그램에 본건 외 후배 심○○과의 다툼이 있던 대화녹취록을 공개하였고, 고소인의 잘못된 행동에 대해 사과와 해명을 요구하였으나 고소인의 답변이 없었다는 진술이다.

고소인의 녹취파일 공개 상황을 알고 있던 선배 양○○가 동아리 내 갈등해결을 위해 고소인과 나눈 카카오 톡 대화자료를 피의자에게 전달하였고, 대화 일방인 양○○의 동의를 받아 공개한 것이라 진술한다.

피의자는 고소인이 후배 심○○과 다툰 녹취파일을 공개했던 것과 후배들을 괴롭힌 일들에 대한 사과를 통해 동아리 선·후배 간 관계를 개선하기 위한 의도로 작성한 것으로 고소인을 비방하기 위해 작성했던 것은 아니라며 혐의 부인한다.

(3) 통신비밀보호법에 대해

○ 고소인은

자신의 동의 없이 제3자인 피의자가 불법으로 취득한 카카오 톡 대화내용을 페이스 북에 공개하였다고 주장한다.

○ 피의자는

대화의 일방인 본건 외 양○○에게 사진파일로 대화캡처 자료를 전달받아 양○○의 동의를 받고 공개한 것이라고 진술한다.

(4) 정보통신망 이용촉진 및 정보보호 등에 관한 법률위반(명예훼손)

○ 공연성 및 고소인 특정 여부

피의자는 공개 된 본건 외 심○○의 페이스 북(인스타그램)에 고소인을 지칭하여 본건 게시 글을 작성한 사실을 인정한다.

○ 허위사실의 적시 여부

(가) 고소인의 주장

자신의 후배들을 질타한 것은 동아리 업무처리에 미숙한 후배에게 의견을 낸 것이며, 후배들에게 일을 시키고 탈퇴 선동한다는 것은 허위사실이라 주장하며, 이 사건의 배경이 된 후배 심○○과의 대화캡처자료 및 평소 동아리 단체 대화방의 후배들에 대한 평가가 담긴 대화 캡처자료를 제출하였다.

(나) 피의자의 주장

고소인(○○기)가 동아리 활동 중, 선배 ○○기와 다툼이 있어 22기 후배들의 탈퇴가 있었는데 그 책임을 고소인이 피의자에게 돌린 사실이 있었고, 동기인 고소인은 남은 ○○기 후배들에게 평소 꾸중을 많이 하고 '춤이 더럽다' 등 막말을 많이 하는 등 후배들의 불만이 많았다며, 특히 고소인이 먼저 후배 심○○과의 대화녹취파일을 인스타그램에 '흔한 후배와의 대화'라는 제목으로 공개하여 본건의 게시 글을 작성한 것이라며, 자신이 직접 경험하고 후배들에게 전해들은 내용을 바탕으로 작성한 것으로 사실이라고 주장한다.

피의자가 작성한 글은 다소 자극적인 표현 '탈퇴선동', '꼰대질'라는 표현이 적시되어 있으나, 피의자가 직접 경험한 것으로 고소인의 평소 후배들에 대한 행동에 대한 평가 또한 참고인의 진술과 심○○의 인스타그램 게시 글의 다른 댓글에서도 일치하는 점으로 보아 허위사실을 작성한 것으로 볼 수 없다.

○ 고의, 비방할 목적

(가) 고소인의 주장

피의자가 고소인을 비방하기 위한 의도로 자신이 후배 심○
○의 잘못된 행동을 지적하며 선배 양○○와 개인적으로 나
눈 대화를 피의자의 인스타그램에 공개하고, 심○○의 인스
타그램 게시 글에 고소인에 대한 비난성 댓글을 남겨 동아
리 사람들에게 조롱거리가 되었다고 주장한다.

(나) 피의자의 주장

평소 고생하는 후배들을 대하는 고소인의 태도가 잘못되었다
고 인식하고 있던 중, 공인으로 고생한 후배를 질타하고 그
대화자료를 인스타그램에 공개하여 후배 심○○을 공개적으
로 비난했던 고소인의 행동이 선배로서 잘못된 행동이라는
생각으로, 고소인에게 심○○과의 대화녹취록을 전체 공개한
것에 대한 해명과 사과를 카카오 톡으로 요구하였으나 고소
인의 회답이 없었고, 심○○이 자신의 인스타그램에 고소인
이 올린 녹취파일에 대한 글을 남겨 동아리 지인들이 이에
대한 댓글을 남기자, 자신도 이에 대한 의견으로 피해자에게
사과와 해명을 요구한 것으로 고소인을 비방하기 위한 의도
로 작성한 것이 아니라고 주장한다.

또한 해당 글은 <u>고소인에게 카카오 톡으로 답변이 온 날(글
게시 다음날)자진 삭제 했다고</u> 진술하며 해당 글 삭제 카카
오 톡 대화자료를 제출한다.

고소인은 피의자가 개인적인 감정으로 비방목적으로 작성한

것이라 주장하나, 다음과 같은 사정들 ① 피의자가 후배 심
○○과의 개인대화를 녹음하여 전체 공개한 것이 본건의 배
경이 된 점, ② 평소 피해자가 후배들에게 권위적인 평가를
받고 있던 점, ③ 본건은 피해자가 공개했던 녹취록 당사자
인 심○○의 게시 글의 비난의견 댓글이 주를 이룬 점, ④
피의자가 작성한 글이 피의자의 진술대로 피해자의 행동에
대한 설명을 요구하고 있는 점, ⑤ 피의자가 해당 글을 피
해자로부터 회답이 온 즉시 삭제한 점들로 비춰보면,

본 건은 고소인의 후배 심○○과의 다툼이 있던 대화자료를
공개하는 잘못된 행동이 발단이 되었던 상황으로 피의자가
다소 과격한 단어 '꼰대', '탈퇴선동' 을 사용한 것은 사
실이나 고소인에 대한 해명을 받은 즉시 해당 글을 삭제한
점 등으로 보아 고소인 개인을 비방할 의도보다는 동아리
내 선·후배간의 갈등을 해결하기 위한 의견을 게시한 것이
라는 피의자의 주장이 사회통념상 더 합리적으로 보여 져
비방할 목적이 있다고 보기 어렵다.

○ 모욕 혐의에 대해

(가) 고소인의 진술

고소인은 다수가 볼 수 있는 동아리 후배 심○○의 인스타그
램 게시 글에 자신을 지칭해 '선동, 분탕질, 기타 꼰대짓을
그만하라' 는 경멸적인 댓글을 작성하였다며 피의자에 대한
처벌을 원한다고 진술한다.

(나) 피의자의 진술

피의자는 다음과 같은 사정들로 고소인에 대해 잘못된 행동을 하지 말라는 의견을 표현한 것이며 고소인을 경멸하거나 평가를 저하하는 의미로 작성한 것이 아니라고 주장한다.

① 선동 : 고소인이 동아리 활동 중, ○○기 후배들의 탈퇴를 선동하였던 점.

② 분탕질 : 뒤에서 사람을 험담하며 동아리 내 왕따 분위기를 조성하는 등 <u>자신이 그 피해자로 경험했던 점</u>.

③ 꼰대 : 피의자가 평소 후배들에게 인신공격성 발언과 막말을 하며 갈구고 일명 선배의 권위적인 꼰대질을 한 점, 또한 고소인이 후배 심○○과의 대화녹취자료를 공개한 점.

○ 의견

(가) 통신비밀보호법에 대해

본건의 송·수신이 완료된 카카오 톡 대화는 감청에 해당되지 않아 불기소(혐의 없음)

(나) 정보통신망 이용촉진 및 정보보호 등에 관한 법률위반(명예훼손)에 대해 이 사건의 글을 게재한 주요 동기, 목적 등 제반사정 고려하여 고소인에 대한 명예를 훼손한다는 고의가 있다고 보기 어렵고, 비방할 목적도 있다고 보기 어려워 불기소(혐의 없음)의견으로,

(다) 모욕에 대해

　　　　　게시 글의 표현이 모욕적인 표현에 해당한다고 보기 어려
　　　　　워 불기소(혐의 없음)의견입니다.

4. 불기소처분에 대한 반론

그러나 이 사건 검사 ○○○의 위와 같은 불기소처분은 다음에서 보는 바
와 같이 부당한 것입니다.

(1) 첫째는 죄명의 검토입니다.

　　○ 검사 ○○○은 피의자는 ○○○○. ○○. ○○.16:00경 장소를
　　　　알 수 없는 곳에서 고소인이 동아리 후배 심○○을 험담하는 내
　　　　용을 공개하려는 목적으로, 고소인과 본건 외 동아리 선배 양○
　　　　○가 주고받은 카카오 톡 대화캡처 사진을 고소인의 동의 없이
　　　　취득한 다음, 그 대화자료를 피의자의 페이스 북 계정에 전체공
　　　　개로 개시하여 누설하였다는 통신비밀보호법위반 피의사실에 대
　　　　하여 피의자는 대화의 일방인 본건 외 양○○에게 사진파일로 대
　　　　화캡처 자료를 전달받아 양○○의 동의만 받고 공개한 것이라고
　　　　진술하고 있습니다.

　　○ 이에 대하여 검사 ○○○은 통신비밀보호법위반이 성립하기 위해
　　　　서는 우편물의 검열 또는 전기통신의 감청을 하거나 공개되지 아
　　　　니한 타인간의 대화를 녹음 또는 청취하여 알게 된 통신 또는 대
　　　　화 내용을 공개하거나 누설하여야 하므로 본건과 같이 지인을 통
　　　　해 그 대화 내용을 전달받은 경우 검열, 감청, 녹음, 청취하게
　　　　알게 된 대화 내용을 공개, 누설한 사안에 해당하지 않는다는 이
　　　　유로 혐의 없음(범죄인정 안됨)처분을 하였습니다.

○ 고소사실을 법률적으로 이유 있게 재구성할 의무는, 법률에 문외한인 고소인이 아니라, 고소인의 입장에 서서 수사하고 피의자에 대한 기소여부의 결정권을 가진 검사가 지는 것입니다.

○ 검사 ○○○은 통신비밀보호법위반과 관련하여 혐의 없음(범죄인정 안됨) 처분을 함에 있어서는 고소인의 고소장이나 사법경찰관이 작성한 사건송치의견서에 기재된 죄명에 국한하여 판단하여서는 아니 됩니다.

피의사실로써 통신비밀보호법위반 이외에 다른 초상권침해, 명예훼손죄 등의 죄가 성립하는지 여부도 아울러 검토하여야 합니다.

○ 검사 ○○○은 피의자가 진술에서 고소인과 본건 외 동아리 선배 양○○가 주고받은 카카오 톡 대화캡처 사진을 고소인 몰래 그 대화자료를 피의자의 페이스 북 계정에 전체공개로 개시하여 누설하였다고 진술하고 있으므로 통신비밀보호법위반죄에 국한하여 혐의 없음(범죄인정 안됨)처분을 할 것이 아니라 다른 죄명의 범죄가 성립하는지 여부도 검토하지 않은 잘못이 있습니다.

○ 검사 ○○○은 최소한 피의자가 고소인과 본건 외 동아리 선배 양○○가 주고받은 카카오 톡 대화캡처 사진을 고소인 몰래 그 대화자료를 피의자의 페이스 북 계정에 전체공개로 개시하여 누설하였다면 고소인과의 대화상대방인 동아리 선배 양○○을 상대로 카카오 톡 대화내용의 사진을 피의자에게 교부한 경위를 조사(넘겨준 사람도 문제가 있고, 넘겨받아 페이스 북에 전체공개로 개시하는 사람도 문제가 있습니다)하고 카카오 톡 대화내용을 제3자인 피의자에게 넘겨준다는 것이 과연 있을 법한 일인지 여부 등을 파헤쳐 어느 쪽의 진술이 참이고, 어느 쪽의 진술이 허위인지의 여부에 관하여 좀 더 심도 있는 수사를 했을 것이고, 그렇

게 했다면 위와 같이 피의자의 진술이 핵심적인 사항에서 객관적 사실과 전혀 부합하지 아니하는 사실을 중시하여 사안의 진상을 어렵지 않게 파헤칠 수 있었을 것입니다.

○ 검사 ○○○의 위와 같이 피의자에 대한 통신비밀보호법위반에 대하여 혐의 없음(범죄인정 안됨)처분을 한 것은 <u>그 결정에 영향을 미친 자의적인 판단 내지 중대한 수사미진의 잘못</u>이 있습니다.

(2) 둘째는 수사 미진입니다.

○ 피의자가 고소인을 비방하기 위한 의도로 자신이 후배 심○○의 잘못된 행동을 지적하며 선배 양○○와 개인적으로 나눈 대화내용를 피의자의 인스타그램에 공개하고, 심○○의 인스타그램 <u>게시 글에 고소인에 대한 비난성 댓글을 남겨 동아리 사람들에게 공공연하게 퍼뜨리는 바람에 고소인은 치명적인 명예훼손을 당했습니다</u>.

○ 검사 ○○○은 이에 대하여 피의자가 다소 과격한 단어 '꼰대', '탈퇴선동'을 사용한 것은 사실이나 고소인에 대한 해명을 받은 즉시 해당 글을 삭제한 점 등으로 보아 고소인 개인을 비방할 의도보다는 동아리 내 선·후배간의 갈등을 해결하기 위한 의견을 게시한 것이라는 피의자의 주장이 사회통념상 더 합리적으로 보여 져 비방할 목적이 있다고 보기 어렵다는 이유로 혐의 없음(증거불충분) 처분을 하였습니다.

○ 고소인 개인을 비방할 의도보다는 동아리 내 선·후배간의 갈등을 해결하기 위한 의견을 목적으로 한 것이었다고는 보여 지지는 않습니다.

(가) 피의자의 주장과 같이 동아리 내 선·후배간의 갈등을 해결하

기 위한 것이었다면 동아리 내 연결통로를 통하여 충분한 의견을 개진할 수 있었음에도 불구하고 동아리 내부 연결통로를 이용하지 않고 구태여 급속도로 전파가능성이 높은 인스타그램을 통하여 의견을 개진하여야 할 이유가 있었는지 또 인스타그램을 선택한 이유가 무엇인지 조사했어야 하는데 검사 ○○○은 이 부분에 대한 조사가 전혀 이루어지지 않았습니다.

◎ 인스타그램은 비방에 자유롭습니다.

◎ 그래서 피의자는 의도적으로 고소인을 비방할 목적으로 인스타그램을 통하여 허위사실을 유포하였습니다.

◎ 인스타그램은 해외에 위치해있기도 하고, 개인정보가 없는 일회용 이메일을 통해 PC방 등에서 특정 연예인이나 유명인에게 비하 내용, 사진 등을 게시해서 유포하면 "잡히지 않고 안전하겠지" 라고 믿는 사람이 은근히 많지만 즉, 인스타그램을 타인을 비난하거나 루머를 퍼뜨리는 용도로 쓰이고 있으므로 피의자는 의도적으로 고소인을 비방할 목적으로 자신의 이름으로 인스타그램의 운영 회사이자 모회사인 페이스북을 통하여 허위사실 및 명예훼손 글들을 올린 것입니다.

◎ 피의자는 평소에도 고소인과의 좋지 않은 감정을 가지고 있었기 때문에 위와 같은 동아리 선배 양○○과 고소인이 나눈 대화내용을 불법으로 넘겨받아 자신의 페이스 북을 통하여 허위사실을 유포하려는 의도가 있었으면서도 마치 동아리 선·후배간의 갈등을 해소하기 위한 것이라며 그러한 의도를 숨겼던 것이 아니었는지 의심할 여지는 다분히 있음에도 불구하고 검사 ○○○은 이 부분에 대한 조사자체가 이루어지지 않았습니다.

(나) 피의자와 고소인은 같은 동아리(○○기) 동기라면 동기끼리 뭉쳐 후배들을 리드하고 동아리를 잘 이끌어가야 하는 것이 맞는데 피의자는 고소인과의 감정을 품고 같은 동아리의 선·후배들에게 허위사실을 유포하여 고소인의 명예를 훼손하는 자체가 동아리 동기를 떠나 앞뒤 주장의 모순이 있음에도 확인 없이 혐의 없음(증거불충분) 처분을 하였습니다.

결국 검사 ○○○은 근거 없이 추측성 사실인정을 하고, 그에 기해서 나머지 고소인의 주장을 모두 증거불충분으로 본 것입니다.

검사 ○○○이 만약 그가 한 사실인정, 즉 고소인과 피의자가 같은 동아리(○○기) 동기라면 서로 보호하고 협심해서 동아리를 이끌어가야 하는 동기가 헐뜯고 허위사실을 유포하는 것에 의심을 갖고 있었다면 동아리 선배 양○○가 고소인과의 대화 내용을 선 듯 넘겨준다는 것이 과연 있을 법한 일인지 여부 등을 파헤쳐 어느 쪽의 진술이 참이고, 어느 쪽의 진술이 허위인지의 여부에 관하여 좀 더 심도 있는 수사를 했을 것이고, 그렇게 했다면 위와 같이 피의자의 진술이 핵심적인 사항에서 객관적 사실과 전혀 부합하지 아니하는 사실을 중시하여 사안의 진상을 어렵지 않게 파헤칠 수 있었을 것입니다.

전파가능성을 판단하는 데 있어서 검사 ○○○은 피의자와 고소인이 사소한 다툼이 있었고, 같은 동아리 동기생이라는 친분을 내세워 전파가능성이 부정되는 것으로 판단하고 있으나 이는 고소인과 피의자가 동기생이라는 친분이 있어 고소인의 명예를 훼손할 만한 이야기를 불특정 또는 다수인에게 전파하지 않을 것이라는 것이므로 피의자에 대한 전파가능성은 어떠한 경우에도 부정될 수 없습니다.

따라서 <u>고소인과 동아리 선배 양○○과의 대화내용을 피의자가</u> <u>고소인 몰래 양○○으로부터 어떤 경위로 넘겨받아 허위사실을</u> <u>유포한 것은</u> 동아리 선·후배간의 갈등을 해소하기 위해 고소인의 명예를 훼손할 만한 방식과 정도 및 맥락, <u>피의자의 의사를</u> <u>전달하기 위하여 반드시 위와 같은 방법을 선택할 필요성이 없</u> <u>는 점 등을 고려해 볼 때 이는 정당한 비판의 범위를 벗어나 고</u> <u>소인의 부도덕함을 암시함으로써 고소인의 사회적 가치 내지 평</u> <u>가를 저하시키는 허위사실의 적시임에도</u> 불구하고 검사 ○○○은 이러한 조사를 다하지 않고 명예훼손죄 부분을 혐의 없음(증거불충분)처분을 한 잘못을 범하고 말았습니다.

(다) 불특정 다수인이 볼 수 있는 동아리 후배 심○○의 인스타그램 게시 글에 <u>자신을 지칭해 '선동, 분탕질, 기타 꼰대짓을 그만하</u> <u>라'</u> 는 경멸적인 댓글을 작성한데 대하여 검사 ○○○은 게시 글의 표현이 모욕적인 표현에 해당한다고 보기 어려워 혐의 없음(증거불충분) 처분을 하였습니다.

◎ 사회통념상 욕설은 대체로 모욕으로 인정됩니다. 모욕으로 인정된 표현들(선동, 분탕질, 기타 꼰대짓을 그만하라)에서도 알 수 있듯이 모욕은 구체적인 시간과 공간을 배경으로 벌어진 사건에 대한 보고가 아니고 증거에 의한 증명도 불가능하기에 사실적시와는 구별됩니다.

◎ 위에서 알 수 있듯이 <u>선동, 분탕질, 기타 꼰대짓을 그만하</u> <u>라는 것은 신체적 특징을 묘사하는 것도 경멸적인 언행의</u> <u>일부를 이루기 때문에 모욕으로 인정됩니다.</u>

◎ 그러므로 <u>고소인의 인격적 가치에 대한 사회적 평가를 저하</u> <u>시키는 표현임에도</u> 불구하고 검사 ○○○은 피의자의 '선

동, 분탕질, 기타 꼰대짓을 그만하라'는 게시 글의 표현이 모욕적인 표현에 해당한다고 보기 어렵다고 판단한 것은 자의적인 판단입니다.

(라) 피의자의 고소인에 대한 '선동, 분탕질, 기타 꼰대짓을 그만하라'는 표현은 고소인이 동아리활동을 나아가 선배의 자격이나 그 역량이 없다는 피의자의 주관적 평가를 뒷받침하고 있으므로 고소인에 대한 사회적 평가를 저하시키기에 충분한 것임에도 불구하고 검사 ○○○은 법리오해로 인한 자의적인 판단으로 혐의 없음(증거불충분)처분을 한 것이므로 부당합니다.

4. 결론

이상의 사실에 의하여 피의자에 대한 범죄행위는 충분히 인정된다 할 것인데 검사의 피의자에 대한 불기소처분은 그 이유가 없는 것이므로 피의자 ○○○에 대한 공소제기결정을 구하기 위하여 이건 재정신청에 이른 것입니다.

소 명 자 료 및 첨 부 서 류

1. 불기소처분통지서	1통
2. 불기소처분이유서	1통
3. 항고기각통지서	1통
4. 게시물	1통

○○○○ 년 ○○ 월 ○○ 일

위 신청인(고소인) : ○ ○ ○　　　(인)

광주 고등법원 귀중

재 정 신 청 서

사 건 번 호 : ○○○○형 제○○○○호 재물손괴 등

신 청 인(고 소 인) : ○   ○   ○

피 고 인(피 의 자) : ○   ○   ○

○○○○ 년 ○○ 월 ○○ 일

위 신청인(고소인) : ○   ○   ○   (인)

부 산 고 등 법 원 귀 중

재 정 신 청 서

1. 신청인(고소인)

성 명	○ ○ ○	주민등록번호	생략
주 소	경상남도 ○○시 ○○로○○길 ○○, ○○○호		
직 업	농민	사무실 주 소	생략
전 화	(휴대폰) 010 - 1230 - 0000		
사건번호	부산지방검찰청 ○○○○형 제○○○○호 재물손괴 등 사건의 고소인 겸 신청인		

2. 피고인(피의자)

성 명	○ ○ ○	주민등록번호	생략
주 소	경상남도 ○○군 ○○읍 ○○로 ○길 ○○, ○○○호		
직 업	무지	사무실 주 소	생략
전 화	(휴대폰) 010 - 9334 - 0000		
사건번호	부산지방검찰청 ○○○○형 제○○○○호 재물손괴 등 사건의 피고인 겸 피의자		

피의자 ○○○에 대한 부산지방검찰청 ○○○○년 형제○○○○호 재물손괴 등 고소사건에 관하여 부산지방검찰청 검사 ○○○은 ○○○○. ○○. ○○. 불기소처분을 하였는바, 신청인(고소인)은 이에 불복하여 부산 고등검찰청 ○○○○년 불항 제○○○○호로 항고하였으나, ○○○○. ○○. ○○. 항고기각 결정을 통지받았으므로 이에 불복하여 재정신청을 합니다.

신청취지

1. 피의자 ○○○에 대한 부산지방검찰청 ○○○○년 형제○○○○호 재물
   손괴 등 사건에 대한 공소제기를 결정한다.
라는 재판을 구합니다.

신청이유

1. 피의자의 범죄사실

   (1) 피의자는 경상남도 ○○군 ○○읍 ○○로 ○○, 소재 '○○○○' 이
       라는 상호로 야생실습장을 운영하는 자인바,

   (2) ○○○○. ○○. ○○. 위 야생실습장 입구 도로에서 사진을 촬영하
       는 고소인에게 달려들어 사실은 피의자의 야생실습장을 사진으로 찍
       어 민원을 제기할 의사가 없던 고소인에게 '왜 남의 야생실습장을
       사진 찍느냐', '야 개자식아 맛 좀 볼 래' 라고 소리 지르며 고소
       인이 들고 있던 ○○카메라를 빼앗아 카메라 사진파일을 삭제하는
       방법으로 재물을 손괴한 것입니다.

2. 불기소처분의 이유

   이 사건에 대한 검사 ○○○의 불기소처분 요지는 다음과 같습니다.

   (1) 피의자의 진술

       ○ 피의자는 고소인이 민원을 넣기 위해 피의자 운영 야생실습장의
         사진을 찍은 것이라 생각하고 고소 외 김○○에게 빼앗은 카메라

에서 야생실습장 사진만 지워달라고 하였는데 김○○가 실수로
사진파일 전체를 삭제한 것이라고 진술하며 범행을 부인,

(2) 참고인 김○○의 진술

○ 참고인은 위사건 당일 피의자가 카메라를 들고 와서는 카메라에
들어있는 피의자의 야생실습장 사진을 없애 달라고 부탁하였으
나 참고인이 카메라 조작을 잘못하여 그 카메라에 있던 사진 파
일 전체가 날아간 것이고 진술.

(3) 결론

○ 피의자는 고소인이 위사건 당시 민원을 제기하기 위하여 피의자의
야생실습장 사진을 찍은 것으로 알고 그 카메라 안에 있던 야생실
습장 사진을 지우려 하였다는 것은 참고인 김○○의 진술과 부합
하고, 피의자가 고소인의 다른 사진 파일을 지울 이유가 없으므로
피의자의 야생실습장 사진을 삭제하는 과정에서 전체 사진이 삭제
되었더라도 죄를 범하였다고 볼 수 없고, 야생실습장 사진을 지운
것은 사회상규 상의 정당행위로 판단되므로 피의자의 이 사건 범
의를 인정하기 어렵고, 달리 피의사실을 인정할 만한 증거도 없어
증거불충분으로 불기소처분(혐의 없음) 의견임.

3. 불기소처분에 대한 반론

그러나 이 사건 검사 ○○○의 위와 같은 불기소처분은 다음과 같은 이
유에서 부당한 것입니다.

가. 이 사건의 배경

○ 피의자는 이미 오래전부터 마을 사람들이 사용하는 도로에 장애물을 설치하여 통행을 방해한 사실 등으로 마을주민들로부터 고발을 당하여 그 처벌을 받았고, 법원의 가처분 집행을 당하는 등 마을주민들에게 난폭한 행위와 야비한 행동을 서슴지 않았던 자입니다.

○ 첨부자료의 사진에서 보는 바와 같이 도로 가운데 나무를 심고 바위를 놓아 마을 주민들의 차량 통행을 방해하더니, 법원에서 위 나무를 제거하는 가처분 집행을 하였음에도 또다시 그 자리에 바위돌이나 세탁물건조대 등을 설치하여 마을 사람들을 괴롭히기도 하였습니다.

○ 이번 사건도 위와 같은 피의자의 고약한 심성에서 비롯된 것으로 법원에서 가처분 집행하여 철거한 나무가 있던 자리에 또 도시 이 사건 바윗돌을 설치한 것입니다.

나. 고소인이 피의자로부터 폭행을 당할 당시의 상황

○ 피의자는 고소인이 이 사건 바윗돌을 카메라로 촬영하자 달려들어 전치 5주 진단의 폭행을 가하고, 그 자리에서 피의자의 카메라를 강제로 빼앗아 갔습니다. 당시 고소인은 피의자의 야생실습장을 뒤로 한 자세에서 바위를 향하여 사진을 찍고 있었기 때문에 피의자의 야생실습장이 사진에 찍힐 수가 없었고, 그 사실은 현장을 목격한 피의자도 잘 알고 있습니다. 그리고 위 바윗돌 부근의 피의자의 야생실습장 부지는 아무런 시설이 없는 공터인 것으로 사진을 찍을 것도 없는 곳입니다.

다. 피의자가 고소인의 카메라를 빼앗아 간 이유

(1) 피의자가 고소인에게 난폭한 폭행을 가하면서 고소인이 휴대하고 있던 카메라를 빼앗아 간 이유는 피의자의 진술과 같이 야생실습장의 민원이 발생할 염려가 있는 사진을 고소인이 찍었기 때문에 그 사진을 지우려고 한 것이 아닙니다. 피의자가 같은 마을에서 오랜 기간 야생실습장을 운영하면서, 마을 주민들과 갈등을 일으켰으나 그 결정적인 원인은 피의자가 마을 사람들이 다니는 통로 길에 피의자가 장애물을 설치하여 원활한 차량의 통행을 방해한 사실 때문입니다. 야생실습장과 관련된 민원 문제는 이 사건의 본질과는 전혀 관계가 없는 것으로 피의자의 변명 거리일 뿐입니다.

(2) 고소인이 피의자가 설치한 바윗돌을 촬영한 이유도 그 바윗돌이 고소인 소유의 토지에 설치된 고소인 야생실습장의 간판을 가리는 것과 피의자가 또 다시 법원의 결정을 무시하고 마을 사람들의 원활한 차량 통행을 방해할 목적으로 법원에서 가처분 집행하여 나무를 없애 버린 그 자리에 바윗돌을 다시 설치한 사실을 확인해 두기 위함이었고, 그 사실은 사진을 찍는 현장을 목격한 피의자도 잘 알고 있기 때문에 고소인에게 전치 5주의 상해를 입혀가면서 난폭하게 고소인의 카메라를 빼앗아 가 사진을 없애 버린 것입니다.

(3) 사실이 위와 같음에도 이 사건 처분 검사 ○○○는 "고소인이 민원을 넣기 위해 피의자 운영 야생실습장의 사진을 찍은 것으로 생각하였다"는 피의자의 변명을 사실 확인 없이 인정해 버렸습니다.

(4) 즉, 피의자는 고소인이 바윗돌 사진으로 마을사람들의 통행을

방해한 사실을 민원 제기할 수도 있음을 알면서 바윗돌 사진을 없애라고 지시한 것인데, 엉뚱하게 야생실습장 관련 민원을 제 가하려고 한다는 피의자의 변명을 그대로 인정하는 실수를 범한 것입니다.

(5) 이 사건 검사 ○○○는 "피의자가 다른 사진파일을 지울 이유가 없으므로 피의자 운영 야생실습장 사진을 지울 의사로 김○○에 게 삭제를 부탁한 것으로 보이고, 그 과정에서 전체 사진이 삭 제되었더라도 삭제의 고의가 있다고 볼 수 없으며..." 라고 판 단하였습니다.

(6) 설사 피의자가 위 바윗돌 사진 외에 다른 사진을 지울 의사가 없었다고 하더라도 피의자의 자백에 의하면 피의자가 카메라에 내장된 사진파일을 삭제하라고 지시한 것은 사실입니다. 설사 그 사진이 야생실습장 사진이든, 바윗돌 사진이든(혹은 두 가지 가 같은 의미이든), 피의자가 지우라고 지시한 것은 피의자가 고소인을 폭행하면서 카메라를 빼앗아 갈 당시 피의자를 목격한 고소인이 찍고 있던 사진입니다.

(7) 피의자가 고소인이 찍고 있던 사진을 야생실습장 사진으로 표현 하든 바윗돌 사진이라 표현하든, 피의자가 목격한 고소인이 찍 던 사진을 없애라고 지시한 것이지 피의자가 목격하지 않았음은 물론 당시 상황과 전혀 관계없는 야생실습장 민원 제기를 막기 위한 사진을 없애라고 김○○에게 지시하였다는 것은 말이 되지 않을뿐더러 사실도 아닌 것입니다.

때문에 피의자는 피의자가 목격한 고소인이 찍고 있던 사진을 없애라고 지시한 것이고, 그 지시에 따라 김○○가 고소인이 찍 고 있던 사진을 삭제하려는 고의는 있었던 것입니다.

(8) 한편, 위 검사 ○○○는 "야생실습장 사진을 지운 것은 사회상
규상의 정당행위로 판단되어….." 라고 판단하고 있으나, 위와
같은 이유로 이 사건을 정당행위로 판단한다는 것은 전혀 상식
에도 맞지 않을 뿐 아니라 전치 5주의 상해를 입히며 카메라를
빼앗아 가서 남의 카메라에 내장되어 있는 사진을 지운 것이 어
떻게 사회상규상 정당행위로 판단할 수 있는지 이는 전혀 설득
력이 없는 판단이라 아니할 수 없습니다.

4. 결론

이상의 사실에 의하여 피의자에 대한 범죄는 충분히 인정된다 할 것인데
검사의 피의자에 대한 불기소처분은 그 이유가 없음으로 피의자 ○○○에
대한 공소제기결정을 구하기 위하여 이건 재정신청에 이른 것입니다.

소명자료 및 첨부서류

1. 불기소처분통지서   1통
2. 불기소처분이유서   1통
3. 항고기각통지서   1통
4. 삭제한 근거   1통

○○○○ 년 ○○ 월 ○○ 일

위 신청인(고소인) : ○   ○   ○   (인)

부산 고등법원 귀중

재 정 신 청 서

사 건 번 호 :　○○○○형 제○○○○호　사기

신 청 인(고 소 인) :　○　　　○　　　○

피 고 인(피 의 자) :　○　　　○　　　○

○○○○ 년 ○○ 월 ○○ 일

위 신청인(고소인) :　○　　○　　○　　(인)

대구 고등법원 귀중

재 정 신 청 서

1. 신청인(고소인)

성 명	○ ○ ○	주민등록번호	생략
주 소	대구시 ○○구 ○○로○○길 ○○, ○○○호		
직 업	상업	사무실 주 소	생략
전 화	(휴대폰) 010 - 8878 - 0000		
사건번호	대구지방검찰청 ○○○○형 제○○○○호 사기 사건의 고소인 겸 신청인		

2. 피고인(피의자)

성 명	○ ○ ○	주민등록번호	생략
주 소	대구시 ○○구 ○○로 ○길 ○○, ○○○호		
직 업	무지	사무실 주 소	생략
전 화	(휴대폰) 010 - 4494 - 0000		
사건번호	대구지방검찰청 ○○○○형 제○○○○호 사기 사건의 피고인 겸 피의자		

피의자 ○○○에 대한 대구지방검찰청 ○○○○년 형제○○○○호 사기 고소사건에 관하여 대구지방검찰청 검사 ○○○은 ○○○○. ○○. ○○. 불기소처분을 하였는바, 신청인(고소인)은 이에 불복하여 대전 고등검찰청 ○○○○년 불항 제○○○○호로 항고하였으나, ○○○○. ○○. ○○. 항고기각 결정을 통지받았으므로 이에 불복하여 재정신청을 합니다.

신청취지

1. 피의자 ○○○에 대한 대구지방검찰청 ○○○○년 형제○○○○호 사기 사건에 대한 공소제기를 결정한다.

라는 재판을 구합니다.

신청이유

1. 피의자의 범죄사실

  (1) 범죄사실

   1. 피의자는 ○○○○. ○○. ○○. 고소인으로부터 금원을 차용하더라도 이를 변제할 의사와 능력이 없음에도 불구하고 사업자금이 필요한데 돈을 빌려주면 월 5푼의 이율로 계산하여 원리금을 바로 상환하겠다고 거짓말하여 이에 속은 고소인으로부터 그 즉시 금 ○,○○○만 원을 교부받아 이를 편취하고,

   2. 같은 해 ○○. ○○.같은 방법으로 고소인을 속여 금 ○,○○○만 원을 교부받아 이를 편취하고,

   3. 같은 해 ○○. ○○.같은 방법으로 고소인을 속여 금 ○,○○○만 원을 교부받아 이를 편취하고,

   4. 같은 해 ○○. ○○.사실은 고소인으로부터 금원을 차용하더라도 그 자금으로 ○○에서 ○○광산을 개발하고 ○○판매 사업을 하여 이를 변제할 의사와 능력이 없음에도 불구하고 ○○을 채광하여 판매 사업을 하려고 하는데 자금이 부족하니 금 ○,○○○만 원을 빌려주면 금 ○,○○○만 원과 사업이익의 ○○%를

지급하고 그간 지급하지 못한 차용금도 모두 지급하겠다고 거짓
말하여 이에 속은 고소인으로부터 금 ○,○○○만 원을 교부받
아 이를 편취하고,

5. 같은 해 ○○. ○○. 같은 방법으로 고소인을 속여 금 ○,○○
○만 원을 교부받아 이를 편취하고,

6. 같은 해 ○○. ○○. 변제할 의사가 전혀 없음에도 불구하고 고
소인에게 금 ○○○만원을 빌려주면 바로 변제하겠다고 거짓말
하여 이에 속은 고소인으로부터 금 ○○○만원을 교부받아 이를
편취하고,

7. 같은 해 ○○. ○○. 사실은 인도네시아에서 다이아몬드를 수입
하여 판매 사업을 할 의사가 없음에도 불구하고 고소인에게 인
도네시아에서 다이아몬드를 수입·판매하는 사업을 하려고 하는
데 자금이 부족하니 금 ○,○○○만 원을 빌려주면 바로 변제하
겠다고 거짓말하여 이에 속은 고소인으로부터 금 ○,○○○만
원을 교부받아 이를 편취하고,

8. 같은 해 ○○. ○○. 같은 방법으로 고소인을 속여 금 ○,○○○
만 원을 교부받아 이를 편취하고,

9. ○○○○. ○○. ○○. 부산시 ○○구 ○○로 소재 ○○은행 ○○
지점에서 사실은 고소인의 처 임○○ 소유의 부산시 ○○구 ○○
로 ○○, 소재 ○○아파트 ○○○동 ○○○호를 담보로 위 은행으
로부터 금 ○,○○○만 원을 대출받더라도 대출금을 변제할 의사
와 능력이 없음에도 불구하고 고소인에게 위 ○○아파트를 담보로
위 ○○은행으로부터 금 ○,○○○만 원을 대출받아 빌려주면 바
로 변제하겠다고 거짓말하여 이에 속은 고소인으로부터 금 ○,○

○○만 원을 교부받아 이를 편취하였습니다.

2. 불기소처분의 이유

이 사건에 대한 검사 ○○○의 불기소처분 요지는 다음가 같습니다.

　가, 수사의 결과

　　○ 검사 ○○○은 위 고소사실 중 피의자가 고소인으로부터 금 ○,○
　　　○○만 원을 교부받은 부분만을 피의사실로 확정한 다음 아래와
　　　같은 이유로 불기소처분을 하였습다.

　　　(1) 피의자는 자기 명의의 약속어음을 고소 외 박○○에게 빌려
　　　　　주었는데 지급기일에 결제를 하지 아니하고 어음금을 대신 결
　　　　　제해 주면 바로 변제하겠다고 하므로 이를 믿고 고소인으로부
　　　　　터 금원을 차용하여 어음결제를 하였다.

　　　(2) 그런데 피의자는 박○○으로부터 어음금을 지급받지 못하여
　　　　　고소인에게 차용금 변제를 못한 것이지 변제할 의사 없이 금
　　　　　원을 교부받은 것은 아니라고 변명하면서 박○○의 진술을
　　　　　들어보면 사실을 알 수 있다고 주장한다.

　　　(3) 따라서 피의자의 변명은 박○○의 진술이 있어야 그 진상을
　　　　　밝힐 수 있는데 현재 소재불명이므로 참고인중지 함이 상당
　　　　　하다는데 있습니다.

3. 불기소처분에 대한 반론

그러나 이 사건 검사 ○○○의 위와 같은 불기소처분은 다음과 같은 이유에서 부당한 것입니다.

(1) 피의자가 위 각 금원을 교부받은 사실을 대체로 시인하면서 그 경위에 관하여 고소 외 박○○이 피의자의 어음을 빌려 사용하고 지급기일이 다가오자 피의자에게 어음금을 대신 입금해 주면 바로 변제하겠다고 하기에 고소인으로부터 금원을 차용하여 입금한 것인데 위 박○○이 피의자에게 변제하지 아니하는 바람에 고소인에게 변제하지 못한 것이지 차용금 명목으로 금원을 편취하기 위해 고소인을 속인 것은 아니라고 변명하고 있습니다.

(2) 따라서 위 박○○의 진술을 듣기 전에는 사실여부를 확인하기 어렵고 현재 소재불명이므로 검사 ○○○가 한 참고인중지 결정은 정당하다는데 있습니다.

(3) 범죄사실 제3항에 관하여,

○ 피의자는 고소인으로부터 금 ○,○○○만 원이 아닌 금 ○,○○○만 원을 차용하였는데, 그 경위는 박○○으로부터 조만간 변제하겠다면서 어음금을 대신 결제해 달라는 부탁을 받고 고소인으로부터 금원을 차용하여 지급하였으나 박○○이 어음금을 변제하지 아니하여 고소인에게 변제를 하지 못한 것이라고 변명하면서 다만 고소인이 경상남도 양산시 ○○로 ○○, 소재 토지매입을 위해 금 ○,○○○만 원을 투자한 사실이 있는데 이는 차용금은 아니지만 고소인이 반환을 요구한다면 반환할 용의가 있다는 취지로 진술하고 있습니다.

(4) 위와 같이 교부된 금액 및 그 경위에 관하여 고소인과 피의자의 주장이 서로 다르다면 검사 ○○○으로서는 그 부분에 관하여 고소인과 피의자를 대질조사 하는 등의 방법으로 교부된 금액 및 그 경위를 조사한 다음 범죄혐의 유무를 판단하여야 합니다.

그럼에도 불구하고 검사 ○○○은 막연히 피의자가 시인하는 금 ○, ○○○만 원 차용부분만을 범죄사실로 확정하고 참고인중지결정을 하였습니다.

(5) 따라서 검사 ○○○은 고소인이 주장하는 금 ○,○○○만 원의 편취여부에 관한 수사를 다하지 아니 하였을 뿐만 아니라 금 ○,○○○만 원 중 금 ○,○○○만 원을 제외한 나머지 부분에 대한 판단을 유탈하였습니다.

(6) 범죄사실 제4항에 관하여,

○ 피의자는 금원을 교부받은 사실은 시인하면서도 그 경위에 관하여는 차용금 명목으로 받은 것이 아니라 ○○에 있는 ○○광산 개발을 위한 동업투자 금으로 받은 것이고 고소인에게 이를 반환하지 못한 것은 ○○○과 ○○개발에 관한 동업계약을 체결하였는데 예상보다 ○○매장량이 적어 사업에 실패한 때문이라고 변명하고 있습니다.

○ 금원의 교부경위에 관하여 고소인은 대차관계를 내세운 사기라고 주장하고 피의자는 동업투자라고 주장하고 있어 당사자 간의 진술이 서로 엇갈리고 있습니다.

○ 검사 ○○○으로서는 대질조사 등을 통하여 그 교부경위를 명확히 하고 ○○○○개발에 관여한 자들을 조사하여 어느 쪽의 진술이 신빙성이 있는지를 가려서 범죄혐의 유무를 밝혔어야 합니다.

○ 그럼에도 불구하고 검사 ○○○은 금원의 교부경위 및 ○○개발에 관여한 자들에 대한 조사도 없이 ○○개발과는 아무런 관계가 없는 것으로 보이는 박○○이 소재불명이라는 이유로 참고인중지 결정을 하였습니다.

○ 따라서 검사 ○○○은 범죄혐의 유무를 밝히기 위한 수사를 다하지 아니하였거나 증거를 자의적으로 판단한 허물이 있습니다.

(7) 범죄사실 제5항 및 제6항에 관하여,

○ 고소인은 경찰에서의 제2회 고소인진술 및 고소보충 진술서에서 피의자가 ○○○○. ○○. ○○, 고소인으로부터 차용금 명목으로 금 ○,○○○만 원을 편취하고, 같은 달 ○○. 차용금 명목으로 금 ○○○만원을 편취하였다고 진술하고 있으므로 이 진술은 고소를 한 것으로 보아야 합니다.

○ 그러나 검사 ○○○은 피의사실에서 위와 같은 내용을 누락하여 아무런 조사도 하지 아니하였으므로 고소한 사실에 대하여 수사를 다하지 아니한 위법이 있습니다.

(8) 범죄사실 제7항 내지 제9항에 관하여,

○ 피의자는 위 각 금원을 차용한 사실을 시인하고 금원차용 이유는 이미 발행한 수표금의 입금을 위한 것이거나 인도네시아에서 다이아몬드를 수입판매하기 위한 자금을 마련하기 위한 것이었다고 진술하면서 ○○을 판매해서 얻은 수익금으로 변제하려 하였으나 사업에 실패하는 바람에 변제하지 못한 것이지 고소인의 금원을 편취하려 한 것은 아니라고 변명하고 있습니다.

○ 그러나 검사 ○○○은 이 부분에 관하여서도 앞에서 지적한 바와 같이 피의자가 과연 ○○판매 사업을 하였는지 여부에 관해 자세히 조사하지 아니하고 위와 같은 변명과 상관이 없는 박○○의 소재불명을 이유로 참고인중지 결정을 하였으므로 이 부분에 관하여서도 검사 ○○○은 범죄혐의의 유무를 밝히기 위한 수사를 다하지 아니하였거나 증거를 자의적으로 판단한 잘못이 있습니다.

○ 한편 피의자 소유 부동산에 관한 등기부등본의 기재에 의하면 위 금원차용당시 위 부동산들은 이미 근저당권이 설정되어 있어 재산적 가치가 있는지 의심스럽고 피의자에게는 별 다른 재산이 없는 것은 스스로도 인정하고 있습니다.

○ 특히 ○○○○. ○○. ○○.이후에는 피의자가 어음금 결제를 할 금원을 대여한 박○○의 채권자 등으로부터 피의자 소유의 부동산에 가압류가 되어있는 것으로 보면 박○○의 피의자에 대한 채무변제 가능성에 의문이 있습니다.

○ 더욱이 피의자는 자금사정이 좋지 않은 것으로 보임에도 불구하고 고소인으로부터 계속 금원을 차용하고, 나아가서는 자력이 거의 없는 것으로 보이는 고소 외 윤○○과 서로 융통어음을 발행하여 윤○○이 발행한 어음을 지급기일에 결제할 뚜렷한 계획도 없이 이 어음을 담보로 고소인으로부터 금원을 차용하고 있었습니다.

○ 검사 ○○○은 이러한 점들에 비추어 보면 피의자가 금원차용 당시에 과연 변제할 의사와 능력이 있었는지를 검토할 필요가 있었습니다.

○ 그리고 피의자가 박○○에게 금원을 빌려주었는지 여부는 피의자의 진술 외에 기록상 이를 확인할 만한 자료가 없으므로 그 부

분도 증거조사를 하고 진실을 파헤쳤어야 합니다.

4. 결론

이상의 사실에 의하여 피의자에 대한 범죄는 충분히 인정된다 할 것인데 검사의 피의자에 대한 불기소처분은 그 이유가 없음으로 피의자 ○○○에 대한 공소제기결정을 구하기 위하여 이건 재정신청에 이른 것입니다.

소명자료 및 첨부서류

1. 불기소처분통지서   1통
2. 불기소처분이유서   1통
3. 항고기각통지서   1통
4. 차용증 및 관련자료   1통

○○○○ 년 ○○ 월 ○○ 일

위 신청인(고소인) : ○   ○   ○   (인)

대구 고등법원 귀중

재 정 신 청 서

사 건 번 호 : ○○○○형 제○○○○호 강제집행면탈

신 청 인(고 소 인) :   ○   ○   ○

피 고 인(피 의 자) :   ○   ○   ○

○○○○ 년 ○○ 월 ○○ 일

위 신청인(고소인) : ○   ○   ○   (인)

서 울 고 등 법 원 귀 중

재 정 신 청 서

<table>
<tr><td rowspan="2">재 정
신청인</td><td>①성 명</td><td colspan="2">○ ○ ○</td><td>②주민등록번호</td><td>생략</td></tr>
<tr><td>③주 소</td><td colspan="4">수원시 ○○구 ○○로 ○○. ○○○○아파트 ○○동
○○○○호

(휴대전화 010 - 0987 - 0000)</td></tr>
<tr><td rowspan="2">피재정
신청인</td><td>④성 명</td><td colspan="2">○ ○ ○</td><td>⑤주민등록번호</td><td>생략</td></tr>
<tr><td>⑥주 소</td><td colspan="4">경기도 화성시 ○○로 ○○. ○○○아파트 ○○○동
○○○호

(휴대전화 010 - 9211- 0000)</td></tr>
<tr><td colspan="2">⑦ 사 건 번 호</td><td colspan="4">수원지방검찰청 ○○○○년 형제○○○○호
서울고등검찰청 ○○○○년 불항 제○○○○호</td></tr>
<tr><td colspan="2">⑧ 죄 명</td><td colspan="4">강제집행면탈죄</td></tr>
<tr><td colspan="2">⑨ 처 분 일 자</td><td colspan="4">○○○○. ○○. ○○.</td></tr>
</table>

피의자 ○○○에 대한 수원지방검찰청 ○○○○년 형제○○○○호 강제집행
면탈죄 고소사건에 관하여 수원지방검찰청 검사 ○○○은 ○○○○. ○○.
○○. 불기소처분을 하였는바, 신청인(고소인)은 이에 불복하여 서울 고등
검찰청 ○○○○년 불항 제○○○○호로 항고하였으나, ○○○○. ○○. ○
○. 항고기각 결정을 통지받았으므로 이에 불복하여 재정신청을 합니다.

신청취지

1. 피의자 ○○○에 대한 수원지방검찰청 ○○○○년 형제○○○○호 강제
   집행면탈죄 사건에 대한 공소제기를 결정한다.
라는 재판을 구합니다.

신청이유

1. 피의자의 범죄사실

(1) 피의자는 경기도 화성시 ○○로 ○○길 ○○, 소재 ○○빌딩 ○○층 소재 "○○헬스클럽" 을 운영하는 자인바,

(2) ○○○○. ○○. ○○. 고소인의 강제집행을 피하기 위해 피의자 소유인 위 헬스클럽과 동 헬스장 각종 운동기구 등을 고소 외 김○○의 명의로 이전하고,

(3) ○○○○. ○○ ○○. 고소인의 강제집행을 피하기 위해 피의자 명의의 서울시 ○○구 ○○로 ○○, ○○아파트 ○○○동 ○○○○호 금 5억 원의 전세권을 피의자의 사촌형인 신청 외 최○○의 명의로 변경하여 고소인의 강제집행을 면탈한 것입니다.

2. 불기소처분의 이유

이 사건에 대한 검사 ○○○의 불기소처분요지는 다음과 같습니다.

가. 피의자 진술,

(1) 피의자는 고소인에게 피의자의 위 헬스클럽을 담보로 금 ○○억 원의 대출을 ○년 전에 받은 사실이 있고, 이 사건 발생 약 5개월 전부터 위 대출금에 대한 이자를 내지 못한 사실이 있음은 인정하면서도 고소인이 5개월 정도 이자는 내지 않은 것으로 피의자의 재산에 대하여 강제집행을 할 것이라고는 전혀 생각하지 못하였다고 진술,

(2) 위 헬스클럽의 시가가 20억 원 상당이고, 현재도 월 2천만 원가
량의 수익을 내며 피의자가 운영을 하고 있기 때문에 고소인으
로부터 받은 대출금과 그 이자를 모두 상환할 것이라고 진술하
며, 위 헬스장은 위 김○○가 1년 전부터 그 시설을 하고 운영
하던 것으로 피의자의 소유가 아니며, 위 아파트 전세금 역시
피의자가 위 최○○으로 빌린 자금으로 얻었던 것이라 그 담보
조로 명의를 이전해 준 것이라며 범행을 부인.

나. 참고인 김○○, 같은 최○○의 진술,

(1) 참고인 김○○는 위 사우나의 헬스장은 자신이 시설한 것으로
그 사용료를 피의자에게 매달 100만 원씩 내고 있다고 진술하
고, 참고인 최○○ 역시 피의자가 위 전셋집을 얻을 때 빌려간
4억 원을 갚지 않아 그 담보조로 전세계약서 명의를 최○○을
바꾸었다고 진술.

다. 결론

(1) 피의자가 고소인으로부터 금 ○○억 원을 차용한 사실, 그 차용
금으로 고소인이 위 사우나 사업을 시작하였다는 사실에 대하여
는 다툼이 없고, 피의자가 위 김○○에게 위 사우나 헬스장을 임
대해 준 사실과 피의자가 위 최○○에게 위 사우나 헬스장을 임
대해 준 사실과 피의자가 위 최○○에게 위 아파트 전세권 명의
를 변경해 준 사실에 관하여는 당사자 간에 다툼이 있으나,

(2) 피의자가 위 헬스장은 임대해 준 것이라는 사실은 참고인 김○
○의 진술과 부합하고, 위 아파트 전세계약서를 채권자인 참고
인 최○○에게 담보조로 명의변경 해 주었나느 진술은 참고인
최○○이 진술과 부합,

(3) 피의자가 현재까지도 운영하는 위 사우나는 상당한 규모의 시설이고 시가가 20억원 상당이라면 피의자는 고소인의 채권을 상환하고도 남을 정도의 재산을 가지고 있다고 보아야 하고, 그런 이유로 피의자가 고소인의 강제집행을 면탈하였다는 고소인의 진술은 그 신빙성이 떨어지고 달리 피의자의 범행을 인정할 만한 증거 없이 증거불충분으로 불기소(혐의 없음) 의견임.

3. 불기소처분에 대한 반론

그러나 이 사건 검사 ○○○의 위와 같은 불기소처분은 다음과 같은 이유에서 부당한 것입니다.

가. 위 사우나 헬스클럽의 시가가 20억 원이라는 점에 대하여,

(1) 위 사우나가 화성시내의 중심가에 위치하고 그 규모가 ○○○평 가량이 된다고 하지만 그 시설을 한 지가 5년이 넘어 그 시설물이 많이 노후화되었고, 위 사우나와 같은 건물에 입주하였던 "○○극장"의 고객들이 위 사우나 헬스클럽의 주요 고객들이었으나 약 1년 전에 ○○극장이 이전함으로서 위 사우나 헬스클럽은 물론 건물 자체가 한산할 정도로 손님들이 없는 장소로 변하였습니다.

(2) 이런 이유로 위 건물에 입주한 피의자 뿐 아니라 다른 업종의 영업자들도 장사가 안 되어 다른 곳으로 이주하여 약 6개월 전부터는 위 건물 점포들의 공실이 많이 생겼고, 위 건물은 급격히 슬럼화 되었습니다.

(3) 때문에 피의자가 위 사우나 헬스클럽을 시설할 때는 20억 원가량이 소요되었는지 몰라도 현재는 그 절반 이하의 가격에도 거

래를 할 수 없는 형편으로 그 적정한 시가는 산정하기도 어려운 형편입니다. 그럼에도 불구하고 피의자가 위 사우나의 시가가 20억 상당이라고 주장하는 것은 수사기관을 속이기 위한 방편일 뿐 전혀 사실이 아닌 것입니다.

그러나 이 사건 담당 검사 ○○○는 피의자의 진술을 그대로 인정하였습니다.

나. 이 사건 헬스장과 전세권 명의변경에 대하여,

(1) 참고인 김○○는 피의자의 직원인 자입니다.

○ 이는 피의자가 위 사우나를 담보로 고소인 은행에서 대출을 받을 당시 제출하였던 서류를 보면 확인이 되는 것입니다.

○ 그런데 고소인으로부터 대출을 받아갈 당시에는 피의자의 직원이었던 자가, 지금은 피의자에게 임대료를 내고 독립적으로 헬스장을 운영하는 사람인 것으로 둔갑한 것은 누가 보아도 의심이 가는 것입니다.

○ 때문에 위 김○○가 진정한 고소인의 세입자라면 그 임대를 받을 당시의 보증금이나 매월 지급하는 임차료를 주고받은 객관적인 자료들이 확인이 되어야 할 것입니다.

○ 하지만 이 사건 수사과정에서는 그런 확인이 전혀 이루어지지 않았습니다.

(2) 참고인 최○○의 위 전세권 변경 역시 믿을 수 없습니다.

○ 최○○이 진정으로 피의자에게 금 4억 원을 빌려주었다면 반드시 그 금융거래자료가 있을 것임에도 그 제출이 없었을 뿐 아니라 이 역시 이 사건 수사기관에서 확인하지도 않았습니다.

(3) 사정이 위와 같음에도 이 사건 담당 검사 ○○○은 참고인들의 진술에만 의존하여 객관적인 자료도 없이 피의자가 혐의가 없는 것으로 판단하였습니다.

다. 피의자가 고소인의 강제집행을 전혀 예상하지 못하였다는 점에 대하여,

(1) 피의자가 고소인의 위 돈에 대한 이자를 내지 않고 2달이 경과한 ○○○○. ○○. 경부터 고소인은 피의자에게 그 이자를 독촉하는 핸드폰 문자메시지와 우편을 보내기 시작하였고, ○○○○. ○○. 경부터는 피의자의 재산에 대하여 민사재판은 물론 강제집행을 할 것이라는 우편물도 3~4차례 발송하였으므로 피의자가 고소인이 강제집행을 할 것이라는 사실을 전혀 몰랐다는 말은 사실이 아닌 것입니다.

(2) 한편, 이와 관련하여 대법원 판례를 보면 "형법 제327조의 강제집행면탈 죄는 위태범으로서 현실적으로 민사소송법에 의한 강제집행 또는 가압류·가처분의 집행을 받을 우려가 있는 객관적인 상태 아래, 즉 채권자가 본안 또는 보전소송을 제기하거나 제기할 태세를 보이고 있는 상태에서 주관적으로 강제집행을 면탈하려는 목적으로 재산을 은닉, 손괴, 허위양도하거나 허위의 채무를 부담하여 채권자를 해할 위함이 있으면 성립하고, 반드시 채권자를 해하는 결과가 야기되거나 행위자가 어떤 이득을 취하여야 범죄가 성립하는 것은 아니다(대법원 2012. 6. 28. 선고 2012도3999 판결)"라고 판시하고 있습니다.

(3) 위 판례에 따르면 이 사건의 경우에 피의자의 범의가 명백하다
할 것입니다.

4. 결론

이상의 사실에 의하여 피의자에 대한 범죄는 충분히 인정된다 할 것인데
검사의 피의자에 대한 불기소처분은 그 이유가 없음으로 피의자 ○○○에
대한 공소제기결정을 구하기 위하여 이건 재정신청에 이른 것입니다.

소명자료 및 첨부서류

1. 불기소처분통지서   1통
2. 불기소처분이유서   1통
3. 항고기각통지서   1통
4. 헬스클럽 현황   1통

○○○○ 년 ○○ 월 ○○ 일

위 신청인(고소인) : ○   ○   ○   (인)

서울 고등법원 귀중

재 정 신 청 서

사 건 번 호 : ○○○○형 제○○○○호 위증

신 청 인(고 소 인) :   ○   ○   ○

피 고 인(피 의 자) :   ○   ○   ○

○○○○ 년 ○○ 월 ○○ 일

위 신청인(고소인) : ○   ○   ○   (인)

부산 고등법원 귀중

재 정 신 청 서

1. 신청인(고소인)

성 명	○ ○ ○	주민등록번호	생략
주 소	경상남도 ○○시 ○○로○○길 ○○, ○○○호		
직 업	개인사업	사무실 주 소	생략
전 화	(휴대폰) 010 - 7765 - 0000		
사건번호	부산지방검찰청 ○○○○형 제○○○○호 위증사건의 고소인 겸 신청인		

2. 피고인(피의자)

성 명	○ ○ ○	주민등록번호	생략
주 소	경상남도 ○○군 ○○읍 ○○로 ○길 ○○, ○○○호		
직 업	무지	사무실 주 소	생략
전 화	(휴대폰) 010 - 9334 - 0000		
사건번호	부산지방검찰청 ○○○○형 제○○○○호 위증사건의 피고인 겸 피의자		

피의자 ○○○에 대한 부산지방검찰청 ○○○○년 형제○○○○호 위증 고소사건에 관하여 부산지방검찰청 검사 ○○○은 ○○○○. ○○. ○○. 불기소처분을 하였는바, 신청인(고소인)은 이에 불복하여 부산 고등검찰청 ○○○○년 불항 제○○○○호로 항고하였으나, ○○○○. ○○. ○○. 항고기각 결정을 통지받았으므로 이에 불복하여 재정신청을 합니다.

신청취지

1. 피의자 ○○○에 대한 부산지방검찰청 ○○○○년 형제○○○○호 위증 사건에 대한 공소제기를 결정한다.

라는 재판을 구합니다.

신청이유

1. 서언

○ 고소인(이하 "신청인" 이라 줄여 쓰겠습니다)은 주식회사 ○○○(대표 김○○)에서 상무(등기 이사)로 근무하던 ○○○○. ○○. ○○. 경 김○○으로부터 회사 설립 등에 공헌한 사실을 인정받아 회사의 주식을 공로주 형식으로 10,000주(액면가 10,000원)을 받은 사실이 있고, ○○○○. ○○. ○○. 경 신청인은 위 회사에서 퇴사를 하였습니다.

○ 당시 비상장주식으로 가치가 크지 않았던 위 주식에 큰 기대를 두었던 것은 아니오나, 그래도 훗날 상장이라도 되면 상당한 가치가 있을 것으로 기대는 하고 있었습니다.

○ 그 후 위 회사에서 주주총회를 개최한 적이 한 번도 없었기에 별다른 관심 없이 지내던 중 ○○○○. ○○. ○○. 김○○이 위 회사의 주식을 모두 주식회사 ○○○에 매각하였다는 소문을 듣게 되었습니다.

○ 그런데 신청인은 신청인의 소유로 남아 있는 것으로 알고 있던 신청인의 주식을 포함한 주식회사 ○○○의 주식 전체를 김○○이 양도하였다는 사실을 알고는 신청인의 주식을 되찾고자 ○○○○. ○○. ○○ 경 주주권확인 등의 소송을 제기하였으나, 신청인이 전혀 알지도 못하는 "주식양도양수증서" 를 김○○이 재판부에 제출하였고, 주식

회사 ○○○의 경리과장으로 근무하던 피의자가 위 재판에 출석하여 위 주식양도양수증서를 피의자가 가지고 신청인을 만났을 때, 신청인이 피의자에게 인감도장을 건네주며, 위 주식양도양수증서에 날인하라고 하였다는 사실이 아닌 증언을 하여 결국 신청인이 패소하고 말았습니다.

○ 이에 억울한 신청인은 피의자를 위증으로 고소하게 되었고, 검찰에서 무혐의 결정을 받아 결국 재정신청을 하기에 이르렀습니다.

2. 피의자의 범죄사실

(1) 피의자는 ○○○○. ○○. ○○. ○○지방법원 제○○○호 법정에서 위 법원 ○○○○가단○○○○호 주주권확인소송(원고 고소인, 피고 주식회사 ○○○)의 증인으로 출석하여 법률에 따른 선서를 한 다음 증언을 함에 있어, 사실은 고소인이 ○○○○. ○○. 초순경 부산시 ○○구 ○○로 ○○-○○ 소재 커피숍에서 피의자를 만났을 때 고소인이 가지고 있던 주식회사 ○○○의 주식 10,000주에 대하여 액면가로 양도하거나 무상으로 양도한 사실이 없음에도 고소인이 위 주식을 주식회사 ○○○ 대표 김○○에게 무상으로 양도하기로 하였고, 피의자가 만들어 온 허위의 내용인 "주식회사 ○○○의 보통주 10,000주를 액면가 10,000원에 양도 양수한다." 라는 등의 주식양도양수증서에 고소인의 인감도장을 날인하라고 하였다." 라는 등의 피의자의 기억에 반하는 진술로 위증을 한 것입니다.

3. 불기소처분의 이유

이 사건에 대한 검사 ○○○의 불기소처분 요지는 다음과 같습니다.

가. 고소인은 ○○○○. ○○.경 ○○지방법원(○○○○가단○○○○

호)에 사건 외 주식회사 ○○○대표 김○○을 상대로 주주권확인 소송을 제기하였고, 위 소송의 내용은 이 사건 고소인이 위 회사에 근무하면서 그 회사 주식 10,000주를 공로주로 무상으로 교부 받은 후, ○○○○. ○○.경 그 회사에 퇴사를 하였으나, 위 김○○이 자신(고소인)의 인감도장이 날인된 주식양도양수증서를 위조하여 위 김○○ 앞으로 명의개서를 하였으므로 위 명의개서는 무효라는 것이고, 이 사건과 관련하여 고소인은 피의자로부터 주식양도양수증서를 받아 본 사실, 그 증서에 인감도장을 날인한 사실, 인감증명서를 건네준 사실 등이 없다는 진술이다.

그럼에도 불구하고, 피의자는 위 법정에 출석하여 위 범죄사실과 같이 기억에 반하는 진술로 위증을 하였다는 것이다.

나. 피의자는 위 법정에 출석하여 선서를 한 후 원고(고소인)대리인, 피고 대리인, 판사의 질문에 사실 그대로를 진술하였다고 한다.

다. 고소인이 주장하는 이유 및 근거 등

○ 고소인은 ○○○○. ○○. 말경과 ○○○○. ○○. 초순경 부산시 ○○구 ○○로 소재 커피숍에서 피의자를 만났고 그 때 피의자를 만난 이유는 피의자가 고소인으로부터 고소인이 소유하고 있는 주식회사 ○○○주식을 무상으로 교부한다는 내용의 확인서에 인감 날인을 받고 등기이사를 사임한다는 내용의 사임서에 인감 날인 및 인감증명서를 요청하기 위해서였다고 한다.

○ 그런데 위 확인서의 내용을 거부하고 인감을 날인하지 않은 고소인이 주식양도양수증서에 인감을 날인할 이유가 없다고 주장하며, 위 사임서에 인감을 날인해 준 이유는 고소인이 위 주식회사 ○○○ 이사였기 때문에 그 사임등기를 하려면 인감도장이 날인

된 사임서가 등기소에 제출되어야 하기 때문이며 당시 위 사임서
와 인감증명서 2통을 피의자에게 건네주었다는 진술이다.

○ 그러면서 위 김○○이 불상의 방법으로 위조한 위 주식양도양수
증서를 위와 같이 건네받은 인감증명서 2통 중 1통을 사용하였
다는 진술이다.

라. 그러나 위 주식양도양수증서에 '일만 주(10,000원), 일만 원, 성○
○, 김○○,(주민등록번호), (주민등록번호)'이라고 기재된 필체
는 피의자 필체로 확인되는 점, 그 증서에 날인된 고소인 인감은
육안으로도 고소인의 인감으로 확인되는 점, 고소인은 사임서에는
인감증명서 1통이 필요함에도 피의자에게 인감증명서 2통을 건네준
사실이 있다고 진술하는 점, 주식회사 ○○○ 다른 임원들도 공로
주를 무상으로 교부받았고 퇴사할 때 이에 대하여 반환하였다고 진
술하는 점이 확인되고 반면 고소인이 주장하는 것처럼 확인서에 인
감 날인을 하지 않았고, 또한 자신이 건네준 인감증명서 2통 중 한
통을 다른 용도로 사용하였다는 진술만으로 피의자가 기억에 반하
는 위증을 하였다고 보기 어렵고 달리 범죄사실을 입증할 증거불충
분하여 불기소(혐의 없음) 의견임.

3. 불기소처분에 대한 반론

그러나 이 사건 검사 ○○○의 위와 같은 불기소처분은 다음과 같은 이
유에서 부당한 것입니다.

가. ○○○○. ○○. 초순경 당시의 상황과 관련하여,

(1) ○○○○. ○○. 말경에 주식회사 ○○○을 그만둔 신청인은 다
른 사업을 시작하였습니다. 그런데 당시 신청인이 위 회사의 등

기 이사로 등재되어 있었기 때문에 이사 사임 등기와 관련하여 그 업무를 담당하던 경리과장인 피의자가 신청인에게 전화를 하여 신청인을 만나자 하였고, 그 만남에서 피의자는 신청인에게 말도 하지 않았던 확인서 2장(대표이사 인감이 날인되고 2장 사이에 간인이 되어 있음)과 사임서 2장을 만들어 와서는 신청인에게 확인서와 사임서에 날인해 줄 것을 요구하였습니다.

(2) 당시 김○○이나 신청인 간에 신청인의 주식을 반환한다거나 양도한다거나 하는 말이 일체 없었는데 왜 그런 확인서를 만들어 왔는지 신청인이 피의자에게 따지자 신청인은 김○○이 그렇게 하라고 하였다는 사실을 신청인에게 알려주었습니다.

(3) 하지만 그 내용이 터무니없이 신청인이 위 공로주를 무상으로 양도한다는 것이어서 말이 되지 않았기 때문에 부하 직원이었던 피의자에게 신청인이 화를 내었고, 피의자는 말을 얼버무리고 그냥 돌아갔던 것입니다.

(4) 위 민사재판을 진행할 당시 신청인은 위 확인서 2장과 사임서 1장을 신청인이 보관하고 있다는 사실을 정확이 기억하지 못해 몇 번을 찾았으나 찾지 못하다가 민사재판이 다 끝난 ○○○○. ○○.신청인의 사무실에서 우연히 찾아냈습니다.

(5) 위 민사재판 당시에는 잘 기억하지 못하던 부분들이 위 확인서와 사임서를 찾고 나서야 비교적 상세히 기억이 나기 시작하였습니다.

(6) 위와 같이 신청인을 만나 면박만 당하고 확인서 2장과 사임서 2장을 신청인에게 남겨두고 그냥 돌아갔던 피의자가 며칠 후 다시 신청인에게 전화를 하여 이사 사임등기를 하여야 한다면서 사임서와 인감증명 2통을 준비해 달라고 말하며 다시 찾아오기로 하였고 다

시 같은 커피숍에서 만난 피의자를 다시 만난 신청인은 사임서에 신청인의 인감도장을 직접 날인하여 인감증명 2통과 같이 피의자에게 건네주었고(당시 신청인은 위 주식양도양수증서를 본 적도 없고, 피의자가 가지고 있지도 않았으며, 그 증서에 날인을 하라거나 그 어떤 목적으로도 신청인의 인감도장을 피의자에 건네 준 적이 없습니다), 서류를 받아간 피의자는 신청인의 이사 사임등기를 법무사사무실에 맡겨 ○○○○. ○○. ○○. 자로 신청인의 이사 사임등기가 이루어진 것입니다.

나. 위 주식양도양수증서에 날인된 신청인의 인감도장에 대하여,

(1) 신청인은 ○○○○. 경 위 공로주를 받는 과정에서 그 업무를 담당하던 경리과장 양○○에게 신청인의 인감도장을 한동안 맡겨두고, 양○○이 업무상 필요한 경우 신청인의 인감도장을 사용하라고 한 적이 있습니다.

(2) 신청인은 항고장에서도 밝혔다시피 그 당시에 김○○이 신청인의 인감도장을 사용하여 위 주식양도양수증서 혹은 백지에 신청인의 인감도장을 신청인 몰래 날인한 것이라고 판단하고 있습니다.

(3) 피의자가 ○○○○. ○○. 초순경에 신청인을 찾아와 보여주었던 위 확인서는 신청인이 신청인의 주식을 무상 양도한다는 내용이고, 위 "주식양도양수증서"의 내용은 신청인이 받지도 않은 1억 원을 받고 신청인의 주식을 김○○에게 양도한다는 내용입니다.

(4) 앞에서 말씀 드린바와 같이 무상양도를 거절하여 피의자가 가지고 온 위 확서에도 날인을 거부하고 무상으로 신청인의 주식을 넘길 수 없다고 했던 신청이 1억 원에 양도함으로 인하여 세금문제가 발생할 수도 있는 위 주식양도양수증서에 날인을 하라고 하였다는

피의자의 이 사건 증언의 내용은 논리적으로나 경험상으로 불합리하고 사실로 인정하기 어려운 허위의 증언입니다.

4. 결론

이상의 사실에 의하여 피의자에 대한 범죄는 충분히 인정된다 할 것인데 검사의 피의자에 대한 불기소처분은 그 이유가 없음으로 피의자 ○○○에 대한 공소제기결정을 구하기 위하여 이건 재정신청에 이른 것입니다.

소명자료 및 첨부서류

1. 불기소처분통지서		1통
2. 불기소처분이유서		1통
3. 항고기각통지서		1통
4. 확인서사본		1통
5. 법인등기사항전부증명서		1통

○○○○ 년 ○○ 월 ○○ 일

위 신청인(고소인) : ○　○　○　(인)

부산 고등법원 귀중

▣ 대한실무법률편찬연구회 ▣

　연구회 발행도서
　　- 2018년 소법전
　　- 법률용어사전
　　- 고소장 작성방법과 실무
　　- 탄원서 의견서 작성방법과 실무
　　- 소액소장 작성방법과 실무
　　- 항소 항고 이유서 작성방법과 실제
　　- 지급명령 신청방법

사례별 무혐의 · 불기소처분 검찰항고 실무지침서

재정신청 · 항고장 · 항고이유서　　　정가 24,000원

2019年 4月 15日 1판 인쇄
2019年 4月 20日 1판 발행
편　　저 : 대한법률편찬연구회
발 행 인 : 김 현 호
발 행 처 : 법문 북스
공 급 처 : 법률미디어

　서울 구로구 경인로 54길4 (우편번호 : 08278)
　TEL : (02)2636-2911~2,　FAX : (02)2636~3012
　등록 : 1979년 8월 27일 제5-22호
　Home : www.lawb.co.kr

▌ISBN 978-89-7535-727-5 (13360)
▌이 도서의 국립중앙도서관 출판예정도서목록(CIP)은 서지정보유통지
　원시스템 홈페이지(http://seoji.nl.go.kr)와 국가자료종합목록시스템
　(http://www.nl.go.kr/kolisnet)에서 이용하실 수 있습니다. (CIP제
　어번호 : CIP2019014435)
▌파본은 교환해 드립니다.
▌이 책의 내용을 무단으로 전재 또는 복제할 경우 저작권법 제136조
　에 의해 5년 이하의 징역 또는 5,000만원 이하의 벌금에 처하거나
　이를 병과할 수 있습니다.

법률서적 명리학서적 외국어서적 서예·한방서적 등

최고의 인터넷 서점으로
각종 명품서적만 제공합니다

각종 명품서적과 신간서적도 보시고
정보도 얻으시고
홈페이지 이벤트를 통해서
상품도 받아갈 수 있는

핵심법률서적 종합 사이트

www.lawb.co.kr

(모든 신간서적 특별공급)

대표전화 (02) 2636 - 2911